特殊教育班级管理与教学研究

宁雪莲 著

图书在版编目(CIP)数据

特殊教育班级管理与教学研究/宁雪莲著.--北京：中国书籍出版社,2024.8.
--ISBN 978-7-5068-9983-3

Ⅰ.G76

中国国家版本馆 CIP 数据核字第 2024XT1761 号

特殊教育班级管理与教学研究

宁雪莲 著

图书编辑	成晓春
责任编辑	李　新
封面设计	博健文化
责任印制	孙马飞　马　芝
出版发行	中国书籍出版社
地　　址	北京市丰台区三路居路 97 号(邮编:100073)
电　　话	(010)52257143(总编室)　(010)52257140(发行部)
电子邮箱	eo@chinabp.com.cn
经　　销	全国新华书店
印　　刷	北京市怀柔新兴福利印刷厂
开　　本	710 毫米×1000 毫米　1/16
字　　数	195 千字
印　　张	10.5
版　　次	2025 年 1 月第 1 版
印　　次	2025 年 1 月第 1 次印刷
书　　号	ISBN 978-7-5068-9983-3
定　　价	72.00 元

版权所有　翻印必究

多年来,特殊教育的概念在学校中间起码有一种普遍的意义。不管儿童的缺陷情况如何,特殊就意味着"隔离"。特殊教育的早期历史大部分是隔离学校的历史,是特别为盲童(在盲人学校中)或为聋童(仍在其他学校中)建设的。在公立学校,成绩不及格的儿童从一班降到另一班中,或者儿童的学业成绩明显低于班中同学,或者他非常"淘气"以至于干扰到班级活动的正常进行,不管问题是什么,解决的办法往往是将他分到校中同样有问题儿童的班中去。

那么,什么是特殊教育呢?从某种意义上来看它是一种专业,有它自己的工具、技术和研究工作,为评估和满足特殊儿童和成人的学习需要,集中全力改进教学计划和程序。从比较实际的水平来看,特殊教育是为了协助特殊儿童取得个人最大限度的自我满足和学业成就而安排的自然环境、特殊的设施和教材、教学程序以及其他干涉手段。

班级管理是学校的基本单位,是学生离开家庭开始团体生活的尝试,是今后步入职业劳动进入社会的预备阶段。每个学生都置身于一个班级当中,因此,班级对学生的成长有直接的影响,而影响的优劣视班级管理的质量而定。而特殊教育班级是特殊学生离开家庭开始团体生活、步入社会的第一站,有着与普通班级管理的相同之处,但因服务对象的差异而有其特殊性。特殊教育班级管理与建设除满足学生群体生活需要,提供学习场景与学习条件以外,还需实施个别化教育服务,以促进儿童的发展与成长。

本书是一本关于特殊教育班级管理与教学方面研究的书籍。全书首先对特殊教育的基础理论进行简要概述,介绍了特殊儿童、特殊教育、特殊教育的对象等内容;然后对我国特殊教育与教学的相关问题进行梳理和分析,包括特殊教育事业的发展阶段与动向、特殊教育的体系与模式、我国特殊教育教学的实施等方面;之后在特殊教育班级管理方面进行探讨;最后探讨特殊教育康复整合课程的建设与实施。本书论述严谨,结构合理,条理清晰,不仅能够为特殊教育学提供一定的理论知识,还能为当前特殊教育班级管理相关理论的深入研究提供借鉴。

第一章 特殊教育概述 ·· 1
第一节 特殊儿童 ·· 1
第二节 特殊教育 ·· 14
第三节 特殊教育的对象 ······································ 22

第二章 我国特殊教育与教学的发展 ································ 30
第一节 特殊教育事业的发展阶段与动向 ·························· 30
第二节 特殊教育的体系与模式 ·································· 36
第三节 我国特殊教育教学的实施 ································ 46
第四节 特殊教育教学课程实践——以数学为例 ···················· 55

第三章 特殊教育班级管理的创设 ·································· 62
第一节 班级常规基础 ·· 62
第二节 班级环境管理 ·· 71
第三节 班级的时间及空间管理 ·································· 76
第四节 学生的精神文化及身心道德建设 ·························· 91

第四章 特殊教育康复整合课程建设与实施 ·························· 103
第一节 教育康复整合课程建设概述 ······························ 103
第二节 教育康复整合课程形成的基本策略 ························ 134
第三节 教育康复整合教学活动实施 ······························ 148

参考文献 ·· 161

第一章 特殊教育概述

对特殊儿童和特殊教育的认识和探索,是随着社会的发展和人类的进步而不断发展的。本章重点阐述特殊儿童概念、特殊儿童分类和特殊儿童分级,以及特殊教育概念、特殊教育目的、特殊教育原则和特殊教育意义。

第一节 特殊儿童

一、特殊儿童概念

对特殊儿童的认识是随着社会的发展,特别是随着人类对人权、民主、公平的全面推进而不断发展的。对特殊儿童的认识,主要经历了从"残疾儿童"到"特殊儿童",从"特殊儿童"到"特殊教育需要儿童",从"特殊教育需要儿童"到"活动参与受限儿童"三个主要的阶段。

随着特殊教育对象由残疾儿童、特殊儿童,到有特殊教育需要儿童,其范围不断扩大。特殊教育需要儿童概念的提出,超出了传统的以医学和病理学为基础的残疾分类、诊断,从教育的视角审视儿童需要,用"特殊教育需要儿童"概念取代了"残疾儿童"与"特殊儿童",意味着每个儿童都有可能在某个发展阶段遭遇学习困难而具有特殊教育需要。特殊教育对象的范围超出了"残疾"范畴,面向更加复杂多样的学习困难儿童。有人甚至提出"人人都有特殊需要,人人都需要特殊教育"的大特殊教育观[1],

---

[1] 孟万金.人本特教宣言:改革开放30年暨《中国特殊教育》100期纪念[J].中国特殊教育,2008(10):3—6.

特殊教育班级管理与教学研究

将特殊教育对象的范围进一步扩大。

特殊教育对象的不断扩大,使得特殊教育不仅是特殊学校的责任,也将是普通学校的责任。这不仅使狭义的残疾人教育走向真正广义的特殊教育,也使特殊教育成为普通学校难以回避的一个问题。这不仅为世界特殊教育与融合教育提供了理论研究和实践探索的思想基础,也为我国特殊教育与随班就读的发展提供了理论指导。

从特殊教育的现状来看,在理论研究上特殊教育对象的范围有扩大的趋势,但在实践中,特殊教育对象的范围主要还是局限在狭义的特殊儿童对象上。特殊儿童有广义特殊儿童与狭义特殊儿童之分。本书主要讨论狭义的特殊儿童,即残疾儿童。

(一)残疾儿童

残疾儿童,又称为"缺陷儿童""障碍儿童",是指在身心发展上有各种缺陷的儿童。但这只是学术理论上的概念。在各种法律法规中,更多的是从残疾人的角度来理解残疾儿童概念的,没有专门提出"残疾儿童"概念,但一些法律文本有时会提到"残疾儿童"或"残疾儿童、少年"。以下是几个法律文本给出的关于残疾人的概念。

1983年国际劳工组织第69届大会通过的《残疾人职业康复和就业公约》(中国于1987年批准)规定:"残疾人"一词系指由于被正当承认的身体或精神上的损伤致使其获得和保持合适的职业并得以提升的前景大为降低的个人。

《中华人民共和国残疾人保障法》(2008年修订)指出:残疾人是指在心理、生理、人体结构上,某种组织、功能丧失或者不正常,全部或者部分丧失以正常方式从事某种活动能力的人。那么,残疾儿童就是指在心理、生理、人体结构上,某种组织、功能丧失或者不正常,全部或者部分丧失以正常方式从事某种活动能力的儿童。

(二)特殊儿童

关于谁是特殊儿童,在我国大陆有广义和狭义两种理解。广义的特殊儿童是指与正常儿童在各方面有显著差异的各类儿童。这些差异可表现在智力、感官能力、情绪和行为发展或言语等方面,它既包括低于正常发展的儿童,也包括高于正常发展的儿童以及有轻微违法犯罪的儿童。狭义的特殊儿童,是指身心发展上有各种缺陷的儿童,即残疾儿童。特殊儿童的概念,在我国大陆主要是学术理论上讨论的问题,在各种法律文本中没有关于"特殊儿童"的定义或规定,而只有"残疾儿童"或"残疾儿童、少年"或"残疾人"的提法。因此,我国大陆的特殊儿童主要是指残疾儿童。

在我国台湾地区,特殊儿童是指身心障碍儿童和天赋优异儿童。身心障碍儿童是指因生理或心理障碍,经专业评估及鉴定具有学习特殊需求,需特殊教育及相关服务措施协助的儿童。天赋优异儿童则是指有卓越潜能或杰出表现,经专业评估及鉴定具有学习特殊需求,需特殊教育及相关服务措施协助的儿童。

要理解特殊儿童的定义,就涉及很多方面的问题,不同的学者对特殊儿童有不同的理解,特别是在范围方面,有的学者将特殊儿童的范围无限扩大,甚至扩大到所有具有特殊需要的人,存在"泛化"的现象。在理论上讨论特殊儿童,"显著差异"和"特殊性"是两个关键性问题。

显著差异的"量"是多少?这需要通过鉴定才能知道其标准,而且随着科学技术的发展,这些标准应该是变化的。显著差异又分为群体间显著差异、个体间显著差异、个体内显著差异。正是因为特殊儿童之间差异显著,异质性比较明显,所以在教育中需要采用个别化教学策略。

特殊儿童的"特殊性"在于其自身显现出来的个体差异具有显著性,也就是说在统计学意义上,有超出一般的常模范围,体现了一种"异常"的特性,或"非典型"特征。[1] 由于特殊儿童的"特殊性",所以在对特殊儿童进行教育时,除了采取一般的教育措施之外,还需要经过特别设计的教育内容、方法和手段。

---

[1] 盛永进.特殊教育学基础[M].北京:教育科学出版社,2011:7.

(三)特殊教育需要儿童

1978年,英国发布《沃诺克报告》(Warnock Report),首次提出"特殊教育需要儿童"(child with special educational needs)的术语,并指出特殊教育需要既包括轻微、暂时性的学习困难,也包括严重的、永久性的残疾;传统的残疾分类仅具有医学的意义,对于儿童的教育没有帮助。因此,从这个意义上来说,特殊教育需要儿童的概念更能反映出对儿童"无歧视"的理念。

1981年英国教育法正式使用"特殊教育需要儿童",并对其加以定义:如果一个儿童有学习困难而需要特殊教育设施,那么就说这个儿童有特殊教育需要。对于什么是学习困难,只要具备下面其中一个条件即可:(1)相比大多数儿童来说,有明显更大的困难;(2)具有某种障碍,妨碍或干扰其像学校中其他同龄儿童一样使用教育资源;(3)5岁以下符合条件(1)或5岁以上符合条件(2),以及那些如果不得不提供特殊教育服务就会如此的学生。

一般来说,"缺陷"和"残疾"是相对静态的概念,表示特殊教育对象不可逆转的异常。而"特殊教育需要"是动态的概念,表明特殊教育对象在不同发展阶段可能有不同的教育需要。特别是随着科学技术的进步与发展,随着无障碍环境的建立与普及,一些有特殊教育需要儿童的学习和生活将较少受到局限。如果他们的学习和生活完全没有受到局限,就不再需要特殊教育,那么就是正常儿童了。

(四)活动参与受限儿童

2001年世界卫生组织颁布《国际功能、残疾和健康分类》,将"残疾"改称为"活动受限",将"障碍"改称为"参与限制"。"活动受限"是指由于损伤使能力受限或缺乏,以致人不能按正常的方式和在正常的范围内进行活动,表示个体水平上的残疾。"参与限制"是指由于损伤和残疾而限制或阻碍一个人按其年龄、性别、社会、文化等因素正常地发挥社会作用,表示社会水平上的残疾。"活动受限"是个体进行活动时可能遇到的困难,"参与限制"是个体投入一种生活情境中可能经历到的问题,它们是《国际功能、残疾和健康分类》中评定人的身体功能、残疾和健康状况和等级的专门术语。

我国相关的法律和法规对特殊教育对象的界定没有规范,存在名称不统一、不恰当的问题。[①] 例如,2018年修订的《中华人民共和国宪法》将特殊教育对象命名为"盲、聋、哑和其他有残疾的公民";2006年修订的《中华人民共和国义务教育法》将三类特殊教育的对象命名为"视力残疾、听力残疾和智力残疾的适龄儿童、少年";2008年修订的《中华人民共和国残疾人保障法》规定:"残疾人包括视力残疾、听力残疾、言语残疾、肢体残疾、智力残疾、精神残疾、多重残疾和其他残疾的人。"将特殊教育对象界定为"残疾人"。因此,中国特殊教育对象需要在法律层面上进一步规范和统一。

二、特殊儿童分类

(一)关于分类的争论

特殊儿童产生的原因是极其复杂的,其外在表现也千差万别。为了便于教育,早在18世纪,人们就已经开始对特殊儿童进行分类,并根据其特点进行安置。自20世纪中叶以来,学术界对特殊儿童要不要分类、如何进行分类等问题展开了热烈的讨论。关于特殊儿童要不要分类的问题,有赞成分类的,有反对分类的。持不同观点的人都阐述了各自的理由。如赞成分类者认为分类有助于特殊儿童进行恰当的安置,并提供相应的特殊教育与服务;有助于对特殊儿童进行因材施教。反对分类者认为现行的分类方法容易导致错误地分类和乱贴标签;分类强化了特殊儿童与普通儿童的区别,同时又掩盖了同类儿童之间的个体差异;分类使一些被标记为残疾儿童的个体形成消极的自我概念。

---

① 刘全礼.论我国特殊教育的对象问题[J].中国特殊教育,2016(6):3-7.

(二)关于分类的方法

由于分类的依据、目的、范围的界定不同,特殊儿童对象有不同的分类方法。尽管关于分类争议不断,但是越来越多的人还是认为对特殊儿童进行分类是有必要的。问题的关键是如何找到一种比较好的分类方法,尽可能地减少分类带来的消极影响。

过去人们关注的是儿童的残疾或障碍,一般以医学作为分类的基础,从20世纪70年代起,人们开始尝试根据特殊儿童当前的表现以及所需要的教育和服务来进行分类。例如,1972年伊斯科和培恩提出了三方面九维度分类方法:基本状况(可见的生理偏差,运动能力及局限,沟通能力及问题);调节状况(同伴接受,家庭干预,自我尊重);教育状况(动机,学业状况,教育潜能)。1992年美国智力障碍学会提出,应依照需要支持和辅助的程度来进行分类,并将智力障碍儿童分成间歇性支持辅助、有限性支持辅助、广泛性支持辅助、全面性支持辅助四个类别。如今人们更多是从学习者的角度来看待特殊儿童,越来越倾向于采用与教育有关联的分类体系,同时随着特殊教育对象的扩大,学习障碍、情绪和行为障碍等也包括在新的分类体系当中。

(三)特殊儿童的分类

按照2006年第二次残疾人抽样调查标准,残疾分为七类,即视力残疾、听力残疾、言语残疾、智力残疾、肢体残疾、精神残疾、多重残疾。

《中华人民共和国残疾人保障法》(2008年修订)规定:残疾人包括视力残疾、听力残疾、言语残疾、肢体残疾、智力残疾、精神残疾、多重残疾和其他残疾的人。

我国2011年《残疾人残疾分类和分级》国家标准规定,按不同残疾分为视力残疾、听力残疾、言语残疾、肢体残疾、智力残疾、精神残疾和多重残疾。

1. 视力残疾

视力残疾是指由于各种原因导致双眼视力低下并且不能矫正或双眼

视野缩小,以致影响其日常生活和社会参与。视力残疾包括盲及低视力。

2. 听力残疾

听力残疾是指由于各种原因导致双耳不同程度的永久性听力障碍,听不到或听不清周围环境声及言语声,以致影响其日常生活和社会参与。

3. 言语残疾

言语残疾是指由于各种原因导致的不同程度的言语障碍,经治疗一年以上不愈或病程超过两年,而不能或难以进行正常的言语交流活动,以致影响其日常生活和社会参与。包括:失语、运动性构音障碍、器质性构音障碍、发声障碍、儿童言语发育迟滞、听力障碍所致的言语障碍、口吃等(注:3岁以下不定残)。

4. 肢体残疾

肢体残疾是指由于人体运动系统的结构、功能损伤造成的四肢残缺或四肢、躯干麻痹(瘫痪)、畸形等导致人体运动功能不同程度丧失以及活动受限或参与的局限。肢体残疾主要包括:

(1)上肢或下肢因伤、病或发育异常所致的缺失、畸形或功能障碍。

(2)脊柱因伤、病或发育异常所致的畸形或功能障碍。

(3)中枢、周围神经因伤、病或发育异常造成躯干或四肢的功能障碍。

5. 智力残疾

智力残疾是指智力显著低于一般人水平,并伴有适应行为的障碍。此类残疾是由于神经系统结构、功能障碍,使个体活动和参与受到限制,需要环境提供全面、广泛、有限和间歇的支持。

智力残疾包括在智力发育期间(18岁之前),由于各种有害因素导致的精神发育不全或智力迟滞;或者智力发育成熟以后,由于各种有害因素导致智力损害或智力明显衰退。

6. 精神残疾

精神残疾是指各类精神障碍持续一年以上未痊愈,由于存在认知、情感和行为障碍,以致影响其日常生活和社会参与。

7. 多重残疾

多重残疾是指同时存在视力残疾、听力残疾、言语残疾、肢体残疾、智力残疾、精神残疾中的两种或两种以上残疾。

与1987年第一次残疾人抽样调查相比，这次对各类残疾概念的界定充分参考了《国际功能、残疾和健康分类》（International Classification of Functioning, Disability and Health, 简称ICF）的理念，并对残疾概念作了适当的修订。

ICF认为，残疾是一个包括损伤、活动受限或参与局限性在内的包罗万象的术语。ICF中的术语及其思想就影响着1987年中国残疾人抽样调查残疾标准中的"听力残疾""视力残疾""智力残疾""残疾"等概念的调整，特别是ICF中的"活动""活动受限""参与""参与局限性"等术语及其思想在这次残疾分类中得到了明显的体现。"活动受限"和"参与局限性"主要是指人在进行活动时可能遇到的困难以及投入生活情景中可能经历到的问题。与1987年中国残疾人抽样调查中使用的残疾概念相比，这次分类标准中使用的残疾概念突出强调了要从正面、功能和社会意义来理解残疾，要从个人活动和社会参与的能力受限的范围和程度来进行评估，并以恢复或补偿个人活动和社会参与能力作为目标来制订教育与康复计划。

三、特殊儿童分级

特殊儿童，又称为残疾儿童，其分级一般以社会功能障碍为主来确定残疾，即以社会功能障碍的程度划分残疾等级。为利于国际学术交流和资料的互相比较，凡是已经有国际统一标准的，尽量和国际统一标准取得一致；对没有国际统一标准的，自行制定。根据我国2011年《残疾人残疾分类和分级》国家标准规定，各类残疾按残疾程度分为四级——残疾一级、残疾二级、残疾三级和残疾四级。残疾一级为极重度，残疾二级为重度，残疾三级为中度，残疾四级为轻度。

(一)视力残疾分级

按视力和视野状态分级,其中盲为视力残疾一级和二级,低视力为视力残疾三级和四级。视力残疾一级是指:视力范围<0.02,或视野半径<5度。视力残疾二级是指:视力范围在0.02~<0.05,或视野半径<10度。视力残疾三级是指:视力范围在0.05~<0.1。视力残疾四级是指:视力范围在0.1~<0.3。

视力残疾均指双眼而言,若双眼视力不同,则以视力较好的一眼为准。如仅有单眼为视力残疾,而另一眼的视力达到或优于0.3,则不属于视力残疾范畴。视野以注视点为中心,视野半径小于10度者,不论其视力如何均属于盲。

(二)听力残疾分级

听力残疾分级原则,按平均听力损失,及听觉系统的结构、功能、活动和参与,环境和支持等因素分级(不佩戴助听放大装置)。对于3岁以内儿童,残疾程度一、二、三级的定为残疾人。

1.听力残疾一级

听觉系统的结构和功能极重度损伤,较好耳平均听力损失大于90dBHL,不能依靠听觉进行言语交流,在理解、交流等活动上极重度受限,在参与社会生活方面存在极严重障碍。

2.听力残疾二级

听觉系统的结构和功能重度损伤,较好耳平均听力损失在81~90dBHL之间,在理解和交流等活动上重度受限,在参与社会生活方面存在严重障碍。

3.听力残疾三级

听觉系统的结构和功能中重度损伤,较好耳平均听力损失在61~80dBHL之间,在理解和交流等活动上中度受限,在参与社会生活方面存在中度障碍。

4.听力残疾四级

听觉系统的结构和功能中度损伤,较好耳平均听力损失在41~

60dBHL 之间,在理解和交流等活动上轻度受限,在参与社会生活方面存在轻度障碍。

(三)言语残疾分级

言语残疾分级原则,按各种言语残疾不同类型的口语表现和程度,脑和发音器官的结构、功能,活动和参与,环境和支持等因素分级。

1. 言语残疾一级

脑和/或发音器官的结构、功能极重度损伤,无任何言语功能或语音清晰度小于等于10%,言语表达能力等级测试未达到一级测试水平,在参与社会生活方面存在极严重障碍。

2. 言语残疾二级

脑和/或发音器官的结构、功能重度损伤,具有一定的发声及言语能力。语音清晰度在11%～25%之间,言语表达能力等级测试未达到二级测试水平,在参与社会生活方面存在严重障碍。

3. 言语残疾三级

脑和/或发音器官的结构、功能中度损伤,可以进行部分言语交流。语音清晰度在26%～45%之间,言语表达能力等级测试未达到三级测试水平,在参与社会生活方面存在中度障碍。

4. 言语残疾四级

脑和/或发音器官的结构、功能轻度损伤,能进行简单会话,但用较长句表达困难。语音清晰度在46%～65%之间,言语表达能力等级测试未达到四级测试水平,在参与社会生活方面存在轻度障碍。

(四)肢体残疾分级

肢体残疾分级原则,按人体运动功能丧失、活动受限、参与局限的程度分级(不佩戴假肢、矫形器及其他辅助器具)。肢体部位说明如下:

全上肢:包括肩关节、肩胛骨;

上臂:肘关节和肩关节之间,不包括肩关节,含肘关节;

前臂:肘关节和腕关节之间,不包括肘关节,含腕关节;

全下肢:包括髋关节、半骨盆;

大腿:髋关节和膝关节之间,不包括髋关节,含膝关节;

小腿:膝关节和踝关节之间,不包括膝关节,含踝关节;

手指全缺失:掌指关节;

足趾全缺失:跖趾关节。

1. 肢体残疾一级

不能独立实现日常生活活动,并具备下列状况之一:

(1)四肢瘫:四肢运动功能重度丧失;

(2)截瘫:双下肢运动功能完全丧失;

(3)偏瘫:一侧肢体运动功能完全丧失;

(4)单全上肢和双小腿缺失;

(5)单全下肢和双前臂缺失;

(6)双上臂和单大腿(或单小腿)缺失;

(7)双全上肢或双全下肢缺失;

(8)四肢在手指掌指关节(含)和足趾跖趾关节(含)以上不同部位缺失;

(9)双上肢功能极重度障碍或三肢功能重度障碍。

2. 肢体残疾二级

基本上不能独立实现日常生活活动,并具备下列状况之一:

(1)偏瘫或截瘫,残肢保留少许功能(不能独立行走);

(2)双上臂或双前臂缺失;

(3)双大腿缺失;

(4)单全上肢和单大腿缺失;

(5)单全下肢和单上臂缺失;

(6)三肢在手指掌指关节(含)和足趾跖趾关节(含)以上不同部位缺失(一级中的情况除外);

(7)二肢功能重度障碍或三肢功能中度障碍。

3. 肢体残疾三级

能部分独立实现日常生活活动,并具备下列状况之一:

(1)双小腿缺失；

(2)单前臂及其以上缺失；

(3)单大腿及其以上缺失；

(4)双手拇指或双手拇指以外其他手指全缺失；

(5)二肢在手指掌指关节(含)和足跗跖关节(含)以上不同部位缺失(二级中的情况除外)；

(6)一肢功能重度障碍或二肢功能中度障碍。

4.肢体残疾四级

基本上能独立实现日常生活活动，并具备下列状况之一：

(1)单小腿缺失；

(2)双下肢不等长，差距大于等于50mm；

(3)脊柱强(僵)直；

(4)脊柱畸形，后凸大于70度或侧凸大于45度；

(5)单手拇指以外其他四指全缺失；

(6)单手拇指全缺失；

(7)单足跗跖关节以上缺失；

(8)双足趾完全缺失或失去功能；

(9)侏儒症(身高小于等于1300mm的成年人)；

(10)一肢功能中度障碍或两肢功能轻度障碍；

(11)类似上述的其他肢体功能障碍。

(五)智力残疾分级

按0～6岁和7岁及以上两个年龄段发育商、智商和适应行为分级。0～6岁儿童发育商小于72的直接按发育商分级，发育商在72～75之间的按适应行为分级。7岁及以上按智商、适应行为分级；当两者的分值不在同一级时，按适应行为分级。WHO-DASⅡ分值反映的是18岁及以上各级智力残疾的活动与参与情况。智力残疾分级见表1-1。

表1-1　智力残疾分级表

级别	智力发育水平		社会适应能力	
	发育商(DQ) 0~6岁	智商(IQ) 7岁及以上	适应行为	WHO-DASⅡ 分值18岁及以上
一级	≤25	<20	极重度	≥116分
二级	26~39	20~34	重度	106~115分
三级	40~54	35~49	中度	96~105分
四级	55~75	50~69	轻度	52~95分

适应行为表现：

极重度——不能与人交流、不能自理、不能参与任何活动、身体移动能力很差；需要环境提供全面的支持，全部生活由他人照料。

重度——与人交往能力差、生活方面很难达到自理、运动能力发展较差；需要环境提供广泛的支持，大部分生活由他人照料。

中度——能以简单的方式与人交流、生活能部分自理、能做简单的家务劳动、能参与一些简单的社会活动；需要环境提供有限的支持，部分生活由他人照料。

轻度——能生活自理、能承担一般的家务劳动或工作、对周围环境有较好的辨别能力、能与人交流和交往、能比较正常地参与社会活动；需要环境提供间歇的支持，一般情况下生活不需要由他人照料。

(六)精神残疾分级

18岁及以上的精神障碍患者依据WHO-DASⅡ分值和适应行为表现分级，18岁以下精神障碍患者依据适应行为的表现分级。

1.精神残疾一级

WHO-DASⅡ值大于等于116分，适应行为极重度障碍；生活完全不能自理，忽视自己生理、心理的基本要求。不与人交往，无法从事工作，不能学习新事物。需要环境提供全面、广泛的支持，生活长期、全部需他人监护。

2.精神残疾二级

WHO-DASⅡ值在106~115分之间，适应行为重度障碍；生活大部分不能自理,基本不与人交往,只与照顾者简单交往,能理解照顾者的简单指令,有一定学习能力。监护下能从事简单劳动。能表达自己的基本需求,偶尔被动参与社交活动。需要环境提供广泛的支持,大部分生活仍需他人照料。

3. 精神残疾三级

WHO-DASⅡ值在96~105分之间,适应行为中度障碍;生活上不能完全自理,可以与人进行简单交流,能表达自己的情感。能独立从事简单劳动,能学习新事物,但学习能力明显比一般人差。被动参与社交活动,偶尔能主动参与社交活动。需要环境提供部分的支持,即所需要的支持服务是经常性的、短时间的需求,部分生活需由他人照料。

4. 精神残疾四级

WHO-DASⅡ值在52~95分之间,适应行为轻度障碍;生活上基本自理,但自理能力比一般人差,有时忽略个人卫生。能与人交往,能表达自己的情感,体会他人情感的能力较差,能从事一般的工作,学习新事物的能力比一般人稍差。偶尔需要环境提供支持,一般情况下生活不需要由他人照料。

(七)多重残疾分级

按所属残疾中残疾程度最重类别的分级确定其残疾等级。

第二节 特殊教育

一、特殊教育概念

特殊教育是国家教育事业的组成部分。不同学者对特殊教育的界定有所不同。朴永馨认为特殊教育是使用一般或经过特别设计的课程、教材、教法、教学组织形式和设备,对特殊儿童进行的达到一般的和特殊的培养目标的教育。[①] 也有人将特殊教育界定为一种特殊的实践活动,认为特殊教育是根据国家、社会以及儿童身心发展的规律,有目的、有计划、有组织地培养特殊儿童,使他们成为社会有用的劳动者和接班人的一种社会实践活动。它的目的和任务是最大限度地满足社会的要求和特殊儿童的教育需要,发展他们的潜能,使他们增长知识、获得技能、完善人格,增强社会适应能力,成为对社会有用的人才。[②]

特殊教育的概念也有狭义和广义之分。对狭义特殊儿童的教育就是狭义的特殊教育,对广义特殊儿童的教育就是广义的特殊教育。有些国家还提出"特殊需要教育",这种教育正像1994年6月10日联合国教科文组织召开的"世界特殊需要教育大会"通过的《萨拉曼卡宣言》指出的:"每个儿童都有其独特的特性、志趣、能力和学习需要;教育制度的设计和教育计划的实施应该考虑到这些特性和需要的广泛差异。"对不同种类特殊儿童的教育又可分为盲童教育、聋童教育、智力落后儿童教育、自闭症儿童教育、超常儿童教育等。

我国的特殊教育主要是指狭义的特殊教育,即残疾人教育,《中华人民共和国残疾人保障法》《残疾人教育条例》等都有明确规定。2021年我国《"十四五"特殊教育发展提升行动计划》也强调,特殊教育主要是面向视力、听力、言语、肢体、智力、精神、多重残疾以及其他有特殊需要的儿童青少年提供的教育。

二、特殊教育目的

(一)特殊教育方针

2021年新修订的《中华人民共和国教育法》规定,我国的教育方针是教育必须为社会主义现代化建设服务、为人民服务,必须与生产劳动和社会实践相结合,培养德智体美劳全面发展的社会主义建设者和接班人。

[①] 朴永馨.特殊教育学[M].福州:福建教育出版社,1995:4.
[②] 甘昭良.从隔离到全纳:特殊教育发展的理论与实践[M].厦门:厦门大学出版社,2012:4.

特殊教育班级管理与教学研究

这个方针不仅适用于普通教育,它也适用于特殊教育。一般来说,特殊教育和普通教育有许多共同的地方,普通教育的一般规律在特殊教育中也是适用的。但特殊教育有它特殊的一面,它不仅像普通教育那样,在德、智、体、美、劳等方面对学生进行教育,还特别强调进行缺陷补偿和潜能开发的教育。

特殊教育的发展方针是"实行普及与提高相结合,以普及为重点"。但这个方针的具体内容在不同的发展阶段有所不同,例如,在"义务教育"方面,由"着重发展义务教育"修改为"保障义务教育"。《中华人民共和国残疾人保障法》(1990年)规定:残疾人教育,实行普及与提高相结合、以普及为重点的方针,着重发展义务教育和职业技术教育,积极开展学前教育,逐步发展高级中等以上教育。2008年修订的《中华人民共和国残疾人保障法》规定:残疾人教育,实行普及与提高相结合、以普及为重点的方针,保障义务教育,着重发展职业教育,积极开展学前教育,逐步发展高级中等以上教育。

(二)特殊教育目的

新修订的《残疾人教育条例》(2017年)第2条指出:残疾人教育应当贯彻国家的教育方针,并根据残疾人的身心特性和需要,全面提高其素质,为残疾人平等地参与社会生活创造条件。因此,特殊教育的目的包括两个方面:一是国家教育方针规定的目的,即"培养德、智、体、美、劳等方面全面发展的社会主义事业的建设者和接班人";二是特殊的目的,即根据残疾儿童的身心特性和需要,通过开发潜能,补偿缺陷,全面提高他们的素质而提出的目的。

(三)特殊学校目标

《特殊教育学校暂行规程》(1998年)提出:特殊教育学校的培养目标是培养学生初步具有爱祖国、爱人民、爱劳动、爱科学、爱社会主义的情感,具有良好的品德,养成文明、礼貌、遵纪守法的行为习惯;掌握基础的文化科学知识和基本技能,初步具有运用所学知识分析问题、解决问题的能力;掌握锻炼身体的基本方法,具有较好的个人卫生习惯,身体素质和健康水平得到提高;具有健康的审美情趣;掌握一定的日常生活、劳动、生产的知识和技能;初步掌握补偿自身缺陷的基本方法,身心缺陷得到一定程度的康复;初步树立自尊、自信、自强、自立的精神和维护自身合法权益的意识,形成适应社会的基本能力。这是特殊学校的一般培养目标,但对盲校、聋校和培智学校而言,其培养目标又有所不同。根据教育部2007年颁布的《盲校义务教育课程设置实验方案》《聋校义务教育课程设置实验方案》和《培智学校义务教育课程设置实验方案》,分别提出了盲校、聋校和培智学校的培养目标。

1. 盲校培养目标

《盲校义务教育课程设置实验方案》规定盲校的培养目标是:全面贯彻党的教育方针,促进视力残疾学生全面发展,尊重个性发展,开发各种潜能,补偿视觉缺陷,克服残疾带来的种种困难,适应现代生活需要。使学生具有爱国主义、集体主义精神和民族精神,热爱社会主义,继承和发扬中华民族的优秀传统和革命传统;具有社会主义民主法治意识,遵守国家法律和社会公德,依法维权;逐步形成正确的世界观、人生观、价值观;正确地认识和对待残疾,具有乐观进取、自尊、自信、自强、自立、立志成才的精神,顽强的意志以及平等参与的公民意识;具有社会责任感,努力为人民服务;具有初步的创新精神、实践能力、科学和人文素养以及环境意识;具有适应终身学习的基础知识、基本技能和方法;身体健康、具有良好的心理素质,养成健康的审美情趣和生活方式,学会交流与合作,初步具有独立生活能力、社会适应能力和人生规划意识,成为有理想、有道德、有文化、有纪律的一代新人。

2. 聋校培养目标

《聋校义务教育课程设置实验方案》规定聋校的培养目标是:全面贯彻党的教育方针,体现时代要求,使聋生热爱祖国,热爱人民,热爱中国共产党;具有社会主义民主法治意识,遵守国家法律和社会公德;具有社会责任感,逐步形成正确的世界观、人生观、价值观,努力为人民服务;具有创新精神、实践能力、科学和人文素养以及环境意识;具有适应终身学习的基础知识、基本技能和方法;具有生活自理能力、社会适应能力和就业能力;具有健壮的体魄、良好的心理素质,养成健康的审美情趣和生活方式,培养自尊、自信、自强、自立的精神,成为有理想、有道德、有文化、有纪律的一代新人。

3. 培智学校培养目标

《培智学校义务教育课程设置实验方案》规定培智学校的培养目标是:全面贯彻党的教育方针,体现社会文明进步要求,使智力残疾学生具有初步的爱国主义、集体主义精神;具有初步的社会公德意识和法治观念;具有乐观向上的生活态度;具有基本的文化科学知识和适应生活、社会以及自我服务的技能;养成健康的行为习惯和生活方式成为适应社会发展的公民。

三、特殊教育原则

特殊教育的基本原则是指在各类特殊儿童教育过程中必须遵循的基本要求。它是根据特殊教育目的、规律而提出的指导特殊教育工作的基本要求。特殊教育除了应当遵循普通教育的一般原则外,还应当贯彻补偿教育、早期教育、个别化教育和系统教育等原则。

(一)补偿性原则

补偿性原则,即在特殊教育过程中,要针对特殊儿童身心特点,尽量用健全器官来代替受损器官的组织功能,充分地发挥儿童内在的潜能,增加特殊儿童的适应能力。人作为一个完整的有机体,各个器官和组织功能是相互联系的,当机体的某一部分发生损伤时,健全器官会在一定程度上代偿受损器官的部分功能。由于儿童的身体器官正处在发育时期,可塑性强,因此早期教育与训练对特殊儿童可以产生重要的补偿效果。

(二)早期性原则

早期教育原则,即应尽早地抓住时机,对特殊儿童进行早期诊断、早期教育和早期干预与训练。抓住特殊儿童关键期的早期教育容易收到事半功倍的教育训练效果。贯彻早期教育原则,首先要做到早期诊断,及早地查明残疾儿童的缺陷所在。其次,在诊断的基础上,尽一切办法来抢救和保存残疾儿童的残存能力(如残余视力和残余听力等),防止其功能继续恶化。最后,针对残疾儿童的缺陷,及早地进行训练和矫正,增强他们的适应能力。例如,对聋儿进行口语训练和佩戴助听器的训练等。

(三)个别化原则

个别化教育原则,即要根据特殊儿童身心发展的具体情况,本着实事求是的精神,制定个别化的教育与训练方案,进行有针对性的教育。

个别化教育原则是量力性原则在特殊教育过程中的具体化。特殊教育的个别化教育原则包括两层意思:一是在评估、鉴定的基础上,确定特殊儿童的教育训练目标和方法;二是充分地考虑到他们之间的种种差异,根据他们不同的接受能力、知识水平因材施教,不能以正常儿童的发展为参照性坐标来要求和衡量特殊儿童的教育。总的来说,个别教育提倡从特殊儿童的实际情况出发,依据特殊儿童的身心条件、年龄特征、发展水平、个性差异,进行有针对性的、有的放矢的教育,促使特殊儿童的潜能得到最大限度的发挥。

(四)系统性原则

特殊教育是一个系统工程,应将家庭教育、学校教育、社会教育结合起来,从医疗养护、教育训练、就业培训三个方面,不断地巩固和发展学前教育、学校教育、成人教育的成果,这样才能取得良好的教育训练效果。贯彻特殊教育的系统性原则,首先要树立一个大教育的观念,从家庭、学校、社会三个方面来考虑对特殊儿童的教育问题;其次要抓住每个教育阶段、教育环节中的重点和难点问题,解决主要矛盾;最后要巩固各个阶段的教育成果,使其得到不断的强化和提高,既要引导学生扎扎实实、循序渐进地掌握知识、技能,又要培养他们有组织、有计划、坚持不懈地进行刻苦学习和训练的品质与习惯,使他们成为意志坚强的有用人才。

上述特殊教育的几个基本原则并不是孤立的,在实际的贯彻过程中,它们是相互联系、相互制约的。特殊教育工作者应当把它们结合起来,全面地加以贯彻,以提高教育质量和水平,达到预期的教育目的。

四、特殊教育意义

我国特殊教育发展要以习近平新时代中国特色社会主义思想为指导,按照党的十九大报告提出的"办好特殊教育"要求和党的十九届五中全会关于完善特殊教育保障机制的重要精神,全面贯彻党的教育方针,落实立德树人根本任务,遵循特殊教育规律,以适宜融合为目标办好特殊教育,全面提高特殊教育质量。

2021年《"十四五"特殊教育发展提升行动计划》提出:特殊教育主要是面向视力、听力、言语、肢体、智力、精神、多重残疾以及其他有特殊需要的儿童青少年提供的教育,是教育事业的重要组成部分,是建设高质量教育体系的重要内容,是衡量社会文明进步的重要标志。从宏观上看特殊教育的意义在于促进人、社会和自然的和谐发展。办好特殊教育是一个涉及社会生产力、政治制度、文明程度和民族素质的系统工程。特殊教育需要全社会的关心与参与,需要家庭、学校、社会的密切配合。具体来看,特殊教育的意义主要体现在社会和人两个方面。

(一)促进特殊儿童发展

1.能更好地开发特殊儿童的潜能

因为特殊教育使用一般或经过特别设计的课程、教材、教法、教学组织形式和设备,十分强调根据特殊儿童的身心状况和不同水平进行有针对性的个别化教学,故与普通教育相比,特殊教育能更好地对儿童因材施教,最大限度地发挥特殊儿童的潜能。而在普通教育中,多采用统一教材、统一进度、统一要求的班级教学,很难照顾到学习基础和接受水平过低或过高的儿童,不能满足不同水平儿童的学习需要。因此,特殊教育能更好地开发特殊教育的潜力。

2.能使特殊儿童成为自食其力的劳动者

教育是一种人力资源的开发,教育的资金投入可以产生个人的经济效益和社会效益。未受教育或受教育程度很低的残疾人,很多都要靠父母或社会来抚养。但是,接受一定的教育和职业训练后,他们就有可能成为自食其力的劳动者,甚至和正常人一样,发挥自己的聪明才智,依靠自己的劳动为社会创造财富。而他们也只有在为社会服务的时候,才能感到自己的社会价值和尊严。特殊教育的一个重要特征就是针对复杂多样的个别差异采取个别化的教育教学措施,最大限度地满足特殊儿童的特殊学习需要,通过适当的课程、组织安排、教学方法、教学策略、教育资源的使用以及与社区的合作,使他们掌握一技之长,成为自食其力的对社会有用的劳动者和接班人。

3.能更好地保障特殊儿童的教育权利

我国特殊教育条例明确规定,特殊教育是教育的一个重要组成部分,受教育权是每个儿童不可剥夺的权利。特殊儿童由于身心障碍的影响,往往处于社会边缘,成为典型的被排斥、被歧视的弱势群体,因此特殊教育就是使他们享有受教育的权利。满足基本学习需要的受教育机会,是人们为能生存下去、充分发展自己的能力、有尊严地生活和工作、充分参与发展、改善自己生活质量所需要的。特殊教育体现了教育公平的理念,它将使每个社会成员都享有受教育的权利。

(二)促进社会和谐发展

1.特殊教育有利于促进社会民主

特殊教育是随着社会进步特别是人权进步而发展的,它是社会民主进步的一种体现。特殊教育体现了特殊儿童对社会民主与平等的诉求。特殊教育突出地体现了教育民主化特征,并通过对教育民主的追求,进而促进社会民主。特殊教育作为教育民主化的一个重要内容,为特殊儿童提供了一个平等接受教育的机会,包括入学机会、享有教育资源机会和教育结果的均等。特殊教育正是通过对特殊儿童实施平等的教育实践,来保障他们的受教育权和学习权,从而推进社会民主的发展。

2.特殊教育有利于促进社会公平

特殊教育在促进社会公平方面,主要表现为改变人们的社会观念,宣传平等思想。特殊教育作为一项社会活动,其本身就是张扬公平、正义、民主、平等的过程。因此,特殊教育必然会促进社会的公平。20世纪中期以来,男女平等、教育平等逐渐成为人们的共识,许多国家都在国家大法中明确地规定,每一个公民都有接受教育的权利。我国《中华人民共和国宪法》第45条中明确规定:国家和社会帮助安排盲、聋、哑和其他有残疾的公民的劳动、生活和教育。发展特殊教育是实现社会公平权利的必由之路。

3.特殊教育有利于促进社会文明

特殊教育是针对特殊儿童的教育,尤其是针对严重的感官残疾人的教育。特殊儿童从被歧视、被虐待、被剥夺教育的权利到被同情和接纳,经历了漫长和艰难的历程,从中可以明显地看出,特殊教育的发展本身就是人类社会生产力和文明程度不断提高的产物,是社会物质文明和精神文明的重要标志,特殊教育能促进社会文明不断发展。

4.特殊教育有利于提高教育水平

特殊教育不仅是为特殊儿童,尤其是残疾儿童提供了接受教育的机会,同时也促进了普通教育的发展。改革开放以来,随着我国特殊教育的发展,特别是通过特殊儿童随班就读的发展,基本普及了特殊儿童的义务教育。在特殊儿童和正常儿童的融合教育中,培养儿童之间互助友爱的精神,一部分特殊儿童刻苦学习的行为为正常儿童树立了光辉的榜样,从而使特殊教育与普通教育相互促进,共同发展。因此,特殊教育有利于提高教育的整体水平。

第三节 特殊教育的对象

一、特殊教育学和特殊教育

教育学是研究人类教育现象及其一般规律的科学。教育是传递社会生活经验并培育人的社会活动。教育学和教育是密切相关而又互不等同的两个概念。教育学的研究对象是教育;教育的对象是人。特殊教育学(specialpedagogy)是教育学体系中的一个分支学科;特殊教育(specialeducation)是整个教育的一个组成部分,二者也是互相密切联系而又不等同的概念。

特殊教育学是研究特殊教育现象及其规律、原则和方法的科学,一般以学前和学龄特殊儿童的教育为研究重点。特殊教育是使用一般或特别设计的课程、教材、教法、组织形式和设备对特殊儿童(青少年)所进行的达到一般的和特殊的培养目标的教育。从严格的科学意义上说,二者是不同的。但二者又有一些共性,前者是研究对特殊儿童的教育活动,后者是对特殊儿童进行的教育活动,特殊儿童的教育活动是二者的汇合点。

因此,自特殊教育活动以学校形式在18世纪欧洲出现之后,对此种活动的研究曾以多个学科名称出现,如治疗教育学(或医疗教育学)、缺陷(残疾)教育学、特殊教育学等。但逐渐在一些国家和地区有把这两个概念在实际应用中统一的情况。如在美、英等国,多用 specialeducation(特殊教育)来表示这类学科和教育活动;日本多数学者的著作中也用"特殊教育"(或"身心障碍儿教育"),而不用"特殊教育学"。

我国曾用过"特种教育""残废教育""特殊教育""盲聋哑教育"等术语,也未把"特殊教育"和"特殊教育学"严格分开。20世纪80年代后在使用"特殊教育"这个术语时,在《中国大百科全书》《教育大辞典》等权威工具书中出现了"特殊儿童教育学""特殊教育学"等词条。

在本章论述中,笔者从实际应用的角度,较多地注意了"特殊教育学"和"特殊教育"的共性,而未做严格的区分。

二、确定特殊教育对象的意义

任何一门学科和任何一项工作都要有自己确定的研究或工作对象,都要有自己研究或工作的角度,否则就很难成为一门确定的学科或做出有成效的工作。

特殊教育班级管理与教学研究

特殊教育的对象是特殊儿童、青少年。而确定特殊儿童、青少年的范围是十分重要的,否则就会与其他的相关学科混同,不能成为相对独立的学科分支。

特殊儿童、青少年又是特殊心理学、医学、社会学、康复学、哲学和其他学科的研究对象,特殊教育又要确定自己的研究角度,以便与其他学科的研究有所区别,这又是特殊教育成为相对独立学科分支的另一个条件。

特殊教育是与很多学科(教育学、心理学、儿童心理学、教育心理学、各科教材教法、教学论、德育论、康复学等)密切相关的,实际上可以说是与诸多相邻学科交叉的一门边缘学科。

所以,明确特殊教育的对象对学科的存在和发展有至关重要的意义。

三、特殊教育对象及分类

(一)特殊儿童的分类

1.特殊儿童

广义的理解,特殊儿童是指与正常儿童在各方面有显著差异的各类儿童。这些差异可表现在智力、感官、情绪、肢体、行为或言语等方面,既包括发展上低于正常的儿童,也包括高于正常发展的儿童以及有轻微违法犯罪行为的儿童;狭义的理解,特殊儿童专指残疾儿童,即身心发展上有各种缺陷的儿童。

2.残疾儿童

残疾儿童指身心发展上有各种缺陷的儿童,又称"缺陷儿童"或"障碍儿童"。其包括智力残疾、听力残疾、视力残疾、肢体残疾、言语残疾、精神残疾、多重残疾等类型。

3.特殊教育需要儿童

特殊教育需要儿童,指因个体差异有各种不同的特殊教育要求的儿童。这些要求涉及心理发展、身体发展、学习、生活等各方面长期或一定时间高于或低于正常儿童的要求,不仅包括对某一发展缺陷提出的要求,也包括对学习有影响的能力、社会因素等提出的要求。1978 年在英国

《沃纳克报告》中首次提出"特殊教育需要儿童"这个术语，1981年在英国教育中正式使用。

(二)分类的目的与原则

可以根据特殊儿童的各种特征把其归入某一群体，如按性别、地区、民族等分类；也可以按生理或心理发展状况分类；也可以按接受教育年限和程度分类；还可以按医学诊断的结果分类。

从特殊儿童在人类社会中被区分出来的历史来分析，其主要是人类逐渐认识到特殊儿童与普通儿童的不同，即认识到了他们的特异性。这些特异性主要是在生理和心理发展上的较大差异；或者是极大高于或极大低于多数儿童的发展水平；或者是器官上有明显的异常。这些特异性使人们逐渐认识并区别对待了特殊儿童。

在对特殊儿童进行分类时首先应当明确分类目的，其目的主要是对每类儿童的特殊性都要有所了解，并且在了解后还可以按照他们的特点进行教育和培养，促使他们成长为能够与普通儿童共同发展的、社会上的平等劳动者。简单来说，就是为了更有效地进行教育工作。

明确了分类目的就可以排除按特殊儿童性别等属性的分类。当然，我们不否定为了科学研究或某些工作可以对全体或某一类特殊儿童按性别分类或比较。

分类的最基本原则是特殊儿童的医学诊断结果。这也是其心理发展特异性的生理和病理基础。医学诊断出的同类儿童有其基本上共同的临床症状，病理或生理基础，在这些基础上产生了该类儿童认识活动或个性的共同特点。例如，诊断为先天全聋的一类儿童，他们的听力损失使他们不能通过自然途径学会说话，不早期干预，他们就会变成哑童，他们的视觉就要起更大的作用。言语不能及时获得，给他们带来一系列共同的心理特点。特殊教育就是要根据这些特点，采取相应的措施和方法给予他们特殊的帮助，使他们也能全面地发展。医生诊断出的残疾是有残疾的特殊儿童发展中的第一性缺陷，是他们发展中其他缺陷产生的原因和物质基础。第一性缺陷造成的很多问题恰恰是教育应该解决的问题，是应该给予他们帮助的方面。因此,指出儿童心理和学习特点的医学诊断是特殊儿童分类的基本原则。

同时,有几种残疾的特殊儿童可以单独分为一类,医生诊断为多重(或综合)残疾,也可以由医生按一种主要影响的残疾分类。

当然,在考虑医学诊断这个基本原则时,还应注意与此相关的残疾发生的时间、程度和原因,这些也是我们对特殊儿童进行特殊教育时必须了解的基本情况。从教育工作需要或医疗康复需要方面来考虑还可以用上述基本原则之外的原则来划分,或按上述原则分类之后再划分。例如,按残疾儿童的主要残疾发生时间分为先天和后天两类;先天可分为遗传性和孕期非遗传性;后天可分为产程期间和产后期间造成的残疾。因为致残时间对儿童的心理发展和教育也有很重要的影响。出生时就失明或失听的儿童与四五岁失明或失听的儿童在认识外部世界的经验、途径上,在言语的发展上有不同的特点,教育上的要求也不完全相同。各类残疾还可以按程度划分,可以把全部残疾或一类、二类、三类残疾按轻度、中度、重度或极重度分类。对同一程度的残疾儿童可以采取某些共同的教育方式或措施。对同一类、同一程度的残疾儿童采用的教育方式或措施就会有更多的共性。各类残疾还可以按病因分类。类似病因造成的残疾常表现出类似的症状,有某些共同的特点,这又是教育工作的依据之一。

(三)广义和狭义的特殊教育对象

对与正常儿童发展水平有较大偏离的发展不太正常的儿童有两种理解。首先是广义方面,也就是包含了所有正常发展儿童外的所有类别的儿童,其中包含了存在行为问题的儿童、能力超常的儿童、视觉或听觉存在障碍的儿童、有学习和言语障碍的儿童以及智力低常的儿童等。一些国家在近些年将其统称为"有特殊教育需要的儿童",但这一概念之下所包含的儿童要比上述列出的范围还要大。其次就是狭义方面,也就是指只在心理、生理上发展存在缺陷的残疾儿童,它包括了视觉、听觉、言语、智力和情绪等方面存在多种残疾和发展障碍的儿童,我们一般称之为"残疾儿童""缺陷儿童"。

第一章 特殊教育概述

按照上述对特殊儿童的理解,也就能得出特殊教育分广义与狭义两种,也因此有了广义和狭义的两种特殊教育学。对特殊教育和特殊教育学还可根据残疾种类加以区分,如盲教育和盲教育学、聋教育和聋教育学、智障教育和智障教育学等;还能分为基础特殊教育、幼儿特殊教育、职业特殊教育和高等特殊教育等,这些小的分支学科构成了特殊教育(学)的学科体系。

特殊教育的概念在很多国家使用时多取其狭义,并且狭义的概念也是我国如今最常使用的。特殊教育所涉及的残疾儿童在中国所占的比例不大,但绝对数字不小。

四、儿童发展的差异

生活在我们社会中约占人口 1/4 的青少年、儿童因为先天素质和后天环境的不同,在他们的发展中存在着各种差异。这里既包括不同人群(群体)的差异,也包括个体与个体之间的差异以及个体内不同方面发展的差异。

可以从各个角度来区分少年儿童,如从性别、身体形态、素质、机能、心理发展、教育程度与可能性等。中国城市正常 15 岁男生的中等身高平均为 163.8 厘米,体重为 49 千克,下等和上等的身高也不低于 143 厘米,不高于 184 厘米,体重不低于 29 千克,不高于 69 千克。如果一个 15 岁的男生身高 120 厘米、体重 25 千克,这就大大偏离了大多数中国城市 15 岁男生的发展水平。如果把 95% 以上人的发展水平叫作正常的话,那么余下的 5% 就成了偏离正常的异常发展了。

例如,在人的智力发展上,根据理论的研究和实际的调查,在智力常态分布曲线上,属于正常范围的(即在平均数正负两个标准差范围内)约占 95.46%,而有 2.27% 的人低于正常,2.27% 的人高于正常,这就构成了在智力发展上与正常不同的超常和低常两个群体,在儿童中就成了两类特殊儿童。

在人的感觉器官发展上,各个国家都有一些因先天或后天造成的各种感觉器官障碍的儿童,即盲童、聋童或又聋又盲的儿童。这些儿童在感知事物的途径上与普通儿童有了较大差异,他们在这个方面成了异常的特殊儿童。

在人的支撑系统骨骼或肌肉的发展上,在言语或情感的发展上,在行为和社会适应能力的发展上,以及在个体的其他方面发展上都可能发生严重偏离社会多数同龄儿童的正常发展标准的情况,这种发展的差异使他们也成了特殊儿童。

这些差异是客观存在的。承认和认识了差异才把多数儿童看成正常发展,少数是异常发展;多数儿童是普通儿童,少数儿童是特殊儿童。正常与异常,普通与特殊是相比较而存在的,看不到或不认识这些差异也就不存在"正常"或"普通"了。

五、特殊教育的意义

(一)政治上体现了宪法赋予公民的平等权利

我国不分民族与性别地赋予了每位公民平等的权利,并且在《中华人民共和国宪法》中还规定了"国家和社会帮助安排盲、聋、哑和其他有残疾的公民的劳动、生活和教育",这样的规定在极少数的国家才有。并且在《中华人民共和国义务教育法》和《中华人民共和国残疾人保障法》中,也同样明确了要对残疾儿童和少年实施义务教育,残疾人始终享有受教育的权利。平等权利的实现是能够表现在特殊教育之中的,这可以说是残疾人参与社会和走向平等的有效途径。只有提升全民族的文化、教育水平,同时还要将一切积极因素调动起来,尤其调动残疾人提高文化水平的积极性,这样才能更好地建设现代化社会主义国家。特殊教育的产生基础是一定文化、经济与教育的发展,因此它也在一定程度上将社会多方面及文明程度等情况较为集中地反映了出来。从中也不难看出,一个国家对外的窗口是能够通过特殊教育开启的。

(二)经济上变消费者为生产者

很多没有接受过教育的残疾人在生活中是要靠父母和社会的,基本是对社会财富的单纯消耗，有时还给家庭和社会带来一些问题。文化程度较低、仅能从事最简单劳动的残疾人的劳动生产率低、创造的财富少，他们的潜在能力得不到充分发挥，仅能勉强维持自己的生活，有时还需社会帮助。残疾儿童不能及时受教育还给家长带来巨大的精神负担，影响家长的生活和工作。通过特殊教育来对残疾儿童进行劳动职业训练，除了能够使其实现全面发展，还能提升劳动技能和文化水平，从单纯的社会物质消耗者直接或间接地向精神财富和生产物质财富的劳动者转变，从而成为推进社会向前发展的重要力量。

(三)可以促进精神文明建设

要建设现代化的社会主义国家，就应使每位社会成员的精神境界得到全面提升，建设社会主义精神文明，并且该任务还应包括提升在心理、生理等方面有缺陷社会成员的精神境界。同时，在建设社会主义精神文明方面，许多刻苦努力、身残志坚的人也为其增添了新的内容，他们鼓动全社会的人一起建设社会主义现代化国家。一个国家的文明的标志——发展特殊教育。

(四)使普及教育的工作更加完善

一个国家完善地普及教育的程度反映了这个国家的教育和社会的发展水平。用于衡量我国普及教育是不是完善，其中很重要的一点就是，特殊教育的发展和普及，这也是当前我国普及教育的一个弱点和难点。

特殊教育的发展对相关的事业和学科（如普通心理学、儿童心理学、普通教育学、医学、康复学、社会学、现代技术、哲学等）的发展也有重大意义。相关学科的发展促进了特殊教育和特殊教育学的发展，而特殊教育和特殊教育学的发展又丰富和促进了有关的事业和学科的发展。

第二章 我国特殊教育与教学的发展

特殊教育作为教育的一个组成部分自然具有教育的各种作用,社会中特殊需要群体的发展离不开特殊教育,作为社会群体的一个组成部分,特殊需要群体的发展也是整个社会发展进步的重要组成部分。本章主要分为我国特殊教育事业的发展、我国特殊教育事业的发展动向、我国特殊教育的体系与模式、我国的特殊教育教学四个部分,主要包括中国特殊教育的产生阶段、中国特殊教育的产生阶段、中国特殊教育的发展阶段、家长的参与和家庭教育日益受到重视、多学科之间的协作得到加强等内容。

第一节 特殊教育事业的发展阶段与动向

一、中国特殊教育的产生阶段

中华民族的文明发展史有五千年之久,尊敬老人、对幼儿慈悲、帮助弱小、帮助残疾人是中华民族的传统美德。从中华民族的传统文化来看,不像早期的欧洲那样,对残疾儿童采取肉体消灭等野蛮手段。虽然对当时如何对待残疾儿童的情况已无法考证,但从我国古代哲学理念及伦理道德的义理中不难发现古代中国人宽待残疾人的缩影。据《周礼·地官司徒第二》记载,周代时期,政府已经施行了赡养老人、帮助穷人等政治措施,《礼记·礼运》之中也表现出了建立大同社会的思想。孔子的"仁"的思想、孟子的"老吾老以及人之老"以及墨子的"兼相爱"的思想都体现着中华优秀传统文化中帮助弱势群体的观点。这些观点对古代的封建统治产生了一定的影响。据《汉书》记载,元狩(汉武帝年号)五年,汉武帝"遣博士大夫等六人分巡天下,访问鳏寡废疾,无以振疾者,贷与之"。这说明那时政府已开始搞一些孤残人的扶助工作;到明朝时,据《嘉靖仁和县志》"洪武三年命天下府州县开设惠民药局,拯疗贫病军民疾患",当然这些只是统治阶级为缓和社会矛盾、用以调整社会关系的一种措施而已。

从另一方面看,我国古代统治阶级还制定了大量的残疾惩罚措施,如通过挖眼睛等来震慑人们,以保证其统治地位。著名的军事家孙膑就是被挖去双腿髌骨而致残的。古代时期各个民族和各个国家经常发生战争,自然灾难和生活贫困是造成更多残疾的重要原因。

同时,我国很早就能科学地解释残疾发生的原因及现象。在钟鼎文中"盲"用形似眼睛被一物戳伤的形象表示,据考证,这是为了防止被抓住的战俘逃跑而刺伤其眼睛的记载。《左传·僖公二十四年》(相当于公元前600多年)记载"耳不听五声之和为聋,目不别五色之章为昧",即不能听见各种声调的声音就是聋,眼睛看不到各种颜色无光感就是盲。这与现代科学对耳聋和目盲的解释已经很相近了。《吕氏春秋》中说:"轻水所多,秃与瘿人。"这是在地理环境方面对导致智力障碍和疾病的原因进行分析。东汉时期,语言学家许慎在《说文解字》中解释道:"聋,无闻也。""盲,无眸子。"我国著名教育家孔子也曾注意到人在能力、智力上的差异,《论语·先进》中说:"柴也愚,参也鲁。"(即孔子说其弟子高柴比较愚笨,弟子曾参则比较钝鲁。)东汉时期的王充是一个唯物主义者。在他看来,知识是在感官经验中得来的,他对当时社会上广泛流行的唯心主义观点持批判态度。在这个方面,王充比欧洲哲学家狄德罗的思想早了一千多年。诸如此类的科学观点,在我国浩如烟海的古代文献中屡屡可见,这充分反映出中华民族的聪明和智慧;尽管中国古代奴隶社会、封建社会是那么漫长,迷信和宿命论也曾盛行不衰,但在中华民族悠久的历史上对待残疾和残疾人的态度问题上不乏唯物、科学与进步。当然在剥削阶级长期占据统治地位时歧视残疾人的现象肯定也是存在的,虽然有很小一部分残疾人坚持读书学习,参加科举考试,但到现在仍然没有发现封建统治阶级为身体有障碍的人专门创办学校,开展考试的史实。

二、中国特殊教育的产生阶段

1840年,鸦片战争战败,西方国家强行打开了封闭的中国国门,一时间西方科学技术大量传入我国。与此同时,我国一些有远见的知识分子在积极提倡学习西方思想文化、政治经济理论,希望能够对社会思想和文化教育做出变革,同时开始关注西方国家如何处理特殊教育的问题,因此,着手在我国创办特殊教育学校。例如,当时,在法国的清政府使节曾拜访巴黎盲人学校,参观之后还写下参观的感想。一些大臣向光绪皇帝讲明了西方的教育情况(包括特殊教育),希望能够在改革中借鉴这些特殊教育的办学经验。根据历史资料记载,太平天国运动的领导人之一洪仁玕曾经明确提出过建立特殊学校的建议,即《资政新篇》中的"兴跛盲聋哑院。有财者自携资斧,无财者善人乐助,请长教以鼓乐书数杂技,不致为废人也"的建议,在这方面,洪秀全非常支持洪仁玕的观点。

1874年,瞽叟通文馆在北京建立,这是我国的第一所特殊学校,创办者是英国人穆·威廉(M. William)。这所学校是北京市盲人学校的前身,主要教授特殊儿童读书和音乐。1887年,我国第一所聋哑学校在山东登州成立,是由美国人梅尔斯(C. R. Mills)创办的,后来梅尔斯的妻子梅耐德(Ameetta T. Mills)将其迁到烟台市。这所学校即烟台市特殊教育学校的前身。在创办了这两所特殊学校之后,国外盲人使用的盲文点字和聋哑人使用的手语也逐渐传入我国,在这个前提下,我国产生了本国的盲文点字和聋哑人手语。在这之后,还有一部分外国人和慈善机构在武汉、广州等地通过创办慈善事业的方式开办特殊学校。

到辛亥革命前后,我国的一些社会人士参与到发展特殊教育的事业中。1912年,南通师范传习所在江苏南通成立,创办人是近代著名实业家张謇。1916年,张謇创办了一所特殊学校——南通盲哑学校(今南通市聋哑学校)。这是中国人自己办的最早的特殊学校之一。此外,在杭州、长沙、沧县等地陆续都有中国人自己开办的特殊学校。宣统元年(1909年)王我藏曾主张在学校内设置"低能儿特殊班",课外特别教授;

民国三年(1914年)潘文安提出在学校开设"心育园"对特殊儿童进行辅导;"民国"十一年(1922年)邰爽秋提议在校内开设"个别辅导班"和"智慧察验班"对智力发育迟缓的儿童进行辅导和教育……这些都说明当时人们已经开始关注智障儿童的教育问题了。另据记载,民国十年(1921年)江苏省立第一师范附属小学为缓解家长的不满、教师的不安情绪,减轻学生留级的痛苦及探索其留级究竟是先天不足还是人事未尽的成因等,特设立了"特殊学级",以对儿童进行智力测验和品行、学业调查为依据,招收智能不足的"劣等生"入学,与家庭密切配合,旨在适应个别差异,以期能发掘其潜能、培养其社会适应能力。当时该实验成效卓著,深得教育界的重视,只可惜因北伐、抗战等原因,未能继续普及和推广,但从现有资料看,这是在我国小学附设特殊教育班和智障教育的先驱。

在新中国成立之前,统治阶级参与特殊教育比较被动,从张百熙修订《钦定小学堂章程》中规定入学者"志趣端正,资性聪明,家世清白,身体壮健"可以看出,当时政府只办普通教育,无特殊教育之说,仅"身体壮健"一条便将所有残疾儿童拒之校门外了。1903年,修订《奏定初等小学堂章程》中则明确提出:"或病弱,或发育较迟不能就学者……准暂缓就学""如有患疯癫痼疾,或五官不具不能就学者……准免其就学",这里可以看出当时朝廷虽然积极普兴学校,但对特殊学生尚无力教育,因此学制之中并无特殊学校的地位。1912年,中华民国政府教育部成立,在其公布的规章制度中规定城镇要开办盲哑学校,学务委员会负责管理聋哑学校的经费,创办私立盲哑学校需要得到行政长官的许可,停办私立盲哑学校也需要得到行政长官的许可。这是政府确定特殊学校的学制地位的标志,也是政府进行特殊教育管理的开始。1916年,北京市政府公布的《国民学校令施行细则》中则进一步明确了这一思想;盲哑学校校长教员的任用、惩戒等均依国民学校的规定。1922年,北洋政府颁布了《学校系统改革案》,规定了"注重天才教育,得变通年限及教程,使优异之智能尽量发展"。这从法令上进一步肯定了特殊教育的地位,但由于后来的战乱,一般教育经费都很缺乏,对特殊教育则更无力兴办了,但在《小学法》《小学

特殊教育班级管理与教学研究

规程》《实施义务教育暂行办法》及《国民教育实施纲要》等法令中大多都提到有痼疾的学龄儿童得由家长或保护人请求缓学或免学。1927年,全国第一所国家创办的特殊学校在南京成立,即南京设立的市立盲哑学校。当时特殊学生未能享受同等的受教育机会,少量的特殊教育学校还是靠各慈善团体和热心人士在支撑着。

在剥削阶级占统治地位的战争频繁又屡遭帝国主义侵略的旧中国,特殊教育事业是不可能有太大发展的。当时没有统一的教学计划、教学大纲和教材,经费也得不到保证,教师负担重、待遇低。但关注特殊教育的人士在很大程度上促进了盲、聋特殊教育的发展,他们积极创办特殊教育学校、将国外的特殊教育资料翻译成中文、到国外对特殊教育进行考察和学习,在国内展开调查和研究,撰写文章向社会公众宣传盲聋教育,培养盲聋教育的师资力量。

三、中国特殊教育的发展阶段

中华人民共和国成立之后,中国特殊教育的发展进入了新的阶段。

第一,在党和政府的领导下,首先对旧有特殊学校进行整顿和改革。针对外资津贴的特殊学校,政府对其进行了接管,对其特殊教育主权进行收回;从根本上对特殊教育属于慈善救济的性质做出了变革。1951年10月,周恩来总理理签署了《关于改革学制的决定》。在这之后,特殊教育正式成了中国教育体系的一个组成部分,受到有关部门的重视和支持。1953年,中央教育部设立了专门主管全国特教工作的管理机构——盲哑教育处。

第二,新建了一大批特殊学校,使广大残疾儿童能有入学的机会。到1966年,全国盲校、聋校增加到226所,学生人数增加到22800多人(不包括香港和台湾地区)。

第三,国家研究制定了特殊学校的教学方针与任务,并围绕之制订了教学计划、教学大纲,撰写了特殊教育专用教材,颁布了全国统一的新盲字和汉语拼音手指字母方案、通用手语,使特殊学校的教学走上正规化、科学化的道路。

第四,开展了特殊教育群众性科研活动和师资培训工作。1954年在全国推广了口语教学试验的成果。1956年,政府规定了"按评定的等级工资另外加发15%"的特教教师津贴,以示鼓励。教育部及各地也多次举办聋哑学校教师培训班以培训各地教师。

1971年,周恩来总理和叶剑英同志到特殊学校视察工作,对特殊教育工作做了指示。

1978年后,我国确定了以经济建设为中心的基本路线,教育成了重要发展战略。特殊教育的发展也进入了新的历程。

1978年以来,各级政府和有关部门对特殊教育工作更加重视,各级文件和法律法规中都明确提出要发展特殊教育,同时将特殊教育纳入义务教育之中。近年来,国家多次召开关于特殊教育的会议,对特殊教育工作进行部署,同时为特殊教育工作设立专项补助费用。各地区、各级教育部门为特殊教育工作配备主管干部,使特殊教育工作真正做到有人抓,在保证教育事业发展的同时推动特殊教育的发展。

特殊教育正在逐步建立早期教育到高等教育的完整体系,政府、有关部门、个人共同推动特殊教育的发展。

与早期相比,特殊教育的种类也在不断增多,视力、听力和智力存在障碍的儿童都可以接受特殊教育。智力障碍的特殊教育虽然起步较晚但发展非常迅速。1976年,全国特殊学校共有269所,2018年,全国特殊学校达到2152所,在校人数达到66.59万人。与此同时,特殊教育的教学质量、办学质量、教学的硬件设施也有很大程度的提高。

特殊教育的教师培训也逐渐朝着专业化和系列化发展。特殊教育师范院校和特殊教育专业纷纷设立起来。1985年,我国第一所特殊教育师范学校南京特殊教育师范学校建立,这是一所由国家创办的特殊教育师范学校;1986年,北京师范大学特殊教育专业开始招生。截至2018年,全国共有61所高校开设有特殊教育专业,包括北京师范大学、北京语言大学、西南大学等。

特殊教育的科研水平也在不断提高。北京师范大学设立有特殊教育研究中心、中央教育科学研究所设立有特殊教育研究室，全国还有一些与之相类似的研究机构，并且将专业的科研工作和群众性科研工作相结合，研究的领域包括特殊学校的教学计划、教学方法等。

第二节 特殊教育的体系与模式

一、家长的参与和家庭教育受到重视

家长参与特殊教育决策，落实和维护自己及其子女的合法权益，这一点越来越受到世界各国的关注。20世纪40年代和50年代，特殊儿童的家长采取的方式主要是组织和成立家长团体（如美国智障公民协会、脑瘫联合会），希望引起公众对残疾儿童和具有集体权利的特殊教育的关注，进而促进特殊教育的立法工作得以进行，并呼吁特殊儿童和普通儿童获得平等的教育机会。随着特殊教育在社会中的逐步普及，人们对特殊教育的接受程度越来越高，特殊儿童家长的努力方向也有了改变。特殊儿童家长的努力方向不再是特殊儿童的受教育问题，特殊儿童的家长已经成为决定特殊教育计划和政策的积极参与者。为了促使父母参与特殊教育，一些国家还给予了父母充分参与法律制定的权利。比如，美国法律规定，家长有权在学校对残疾儿童采取任何措施之前得到通知，学校还要向特殊儿童的家长解释采取这些措施的原因；家长有权就学校的决定提出疑问；家长有权查阅儿童的未确定的评估和考试记录；家长有权否决学校为其子女制订的个别教育计划，等等。在法律的保障下，家长可以更合理地表达他们对子女教育的意见。

从各个国家的实际情况来看，家长对特殊教育的参与主要表现在以下几个方面。第一，在特殊儿童的教育和心理诊断方面，父母需要配合教师和医生的工作，积极提供有关儿童成长和发展、家庭行为和生活习惯的信息，从而帮助医生诊断并供教师参考。第二，学校需要和特殊儿童的家

长进行商讨,帮助特殊儿童制订长期和短期教育计划和教育目标,使这些计划和目标能尽量满足学生生活和发展的需要。第三,教师需要和特殊儿童的家长对已经制订的教育计划和目标进行协商,从而确定能够在家庭中实施的计划,以使学校教育和家庭教育保持连续性和一致性。第四,在遇到学生、教师和家长行为异常等特殊问题时,教师和家长要及时协商并制订对策。第五,针对特殊儿童的家长遇到的问题,如教育方法不正确、情绪问题等,教师要为家长提供意见和帮助。在这些国家的特殊教育发展情况的影响下,我国特殊教育的发展也出现了家长的参与和家庭教育受到重视的局面。

在重视特殊儿童的家长参与的同时,我国特殊教育也对特殊儿童的家庭教育非常重视。特殊教育的对象主要是残疾儿童,这些残疾儿童由于长时间患有疾病、家庭位于偏远地区和身体健康状况极差而不能正常上学。巡回服务小组的特殊教育教师、心理学家或其他专家(职业治疗师、听力学家、语言矫正专家等),向残疾儿童提供直接咨询和培训,同时也向父母提供咨询和培训。

二、早期干预越来越受重视

特殊儿童的早期干预有两层含义:一方面,要在早期对特殊儿童的第一缺陷进行确诊,使用医学和心理学的方法对其进行干预,尽量对可能出现的第二缺陷进行纠正;另一方面,早期干预、诊断、识别和干预婴儿时期(3岁之前)或学龄前(6岁之前)儿童的缺陷。这一点非常重要。

我国特殊教育事业的发展受到了国外的一些做法的影响。1960年以后,各个国家都在积极推广特殊儿童的义务教育,积极配合特殊儿童的早期发现、早期诊断和早期干预的工作,推行的很多措施效果显著。在1960年,美国颁布了《残疾儿童早期教育法案》,这个法案主要规定了特殊儿童的早期教育问题。1975年,美国颁布法案,确定3~21岁的特殊儿童、青年可以接受免费的公立教育,这一法案将特殊儿童的义务教育年龄进行了提前。1986年,美国又对这一方案进行了修正,详细规定了早

特殊教育班级管理与教学研究

期干预的对象和需要提供的服务,同时规定要为特殊儿童的家庭提供家庭服务计划。1944年,英国在其教育法中规定,地方教育当局有义务对2岁以上有特殊教育需要的儿童进行鉴定。大部分地区的专业人员能够对出生10天后的婴儿进行检查,这一检查将一直持续到儿童上学。如果专业人员在检查过程中发现特殊儿童,专业人员将会建议将特殊儿童安置到有关的学前特殊教育机构,如保育班、保育学校和游戏教室等。此外,专业人员在征得家长同意后,可以对2岁以下的婴幼儿进行鉴定。俄罗斯则形成了包括特殊幼儿园、日间托儿所和普通幼儿园附设特殊班的特殊儿童学前教育体系。从1970年开始,日本在普通幼儿园中设立了特殊教育班级,有些特殊学校还设立了幼儿部,对特殊儿童进行早期教育。德国规定婴幼儿在出生到4岁之间要接受7项健康检查,以便尽早发现特殊儿童。在这些国家的影响下,我国特殊教育工作对特殊儿童的早期干预越来越重视,特殊儿童的早期干预主要有以下措施。

①早期家庭教育。在有关部门的指导下,特殊儿童的家长训练特殊儿童的认知、社会技能。

②游戏团体。特殊儿童的家庭和2~3名同龄普通儿童的家庭建立关系,协调好儿童游戏时间,让特殊儿童和普通儿童共同游戏。借助这种方式能够促进儿童之间、家庭之间相互理解。

③入园团体。接受家庭早期教育的特殊儿童可以组成团体进入配套设施完善的幼儿园进行学习,团体一般包括4~6名特殊儿童。这种团体需要专业人员的观察,并对其进行医学检查和教育测量。

④幼儿园。特殊儿童可以在3岁左右进入幼儿园学习,在入园后将被分为3种组织团体,即需要接受特殊教育的特殊儿童游戏团体、特殊儿童和普通儿童定时共同教育的游戏团体,以及普通儿童游戏团体,以便对其进行多种形式的早期教育。

现阶段,我国没有充足的财力、物力和专业教师支持特殊儿童的早期干预工作,特殊儿童的早期干预也没能达到普及的水平。但国家一直在落实"教育训练越早开始越好"的原则。特殊教育的社会接受程度越来越高,特殊儿童的早期干预也逐渐成了特殊教育的关注点。

三、积极推行回归主流教育

在20世纪50—60年代,具有隔离性质的教育或保护机构中(主要是全日制寄宿学校和特殊学校)收纳了大量的特殊儿童,由这些机构对特殊儿童进行照顾和教育。残障人士生活的圈子比较狭窄,和普通人的生活差不多是完全隔绝的状态。在20世纪60年代以后,西方掀起了民权运动的思潮,一般公众认识到特殊儿童,特别是残疾儿童的本质,普通公众对特殊教育观念发生了变化,越来越多的社会公众开始认识到,传统隔离的特殊教育安置对残疾儿童的未来的个人发展和社会生活会造成不利影响,从而促使特殊教育领域开展了回归主流运动,这项运动的影响非常深远。回归主流运动的主要目的是将残疾儿童与正常儿童进行同等的安置,为特殊儿童创造一种可以和普通儿童一样正常学习和生活的环境,并使特殊教育重新返回到正规教育的主流中。今天,失明儿童、聋童、智力迟钝的儿童、语言障碍儿童以及同龄的其他正常伙伴,坐在相同的教室正常接受教育,这已经成了一种共同的做法。这是一种特殊教育发展的国际趋势,回归主流教育的重要性被有关部门和社会各界普遍认同。

在执行回归主流教育的过程中,由于文化背景、政治制度和经济条件的不同,形成了不同的模式,主要有以下四个。

(一)教育配对模式

教育配对模式主要有两种方法。一是学校在教师安排方面安排普通班级教师和特殊班级教师相匹配,普通班教师和特殊班教师共同负责彼此学生的教学。例如,一些特殊班级的课程,如英语可以单独上课,而另一些课程(主要是非学术性课程)可以与正常课程一起授课。在美国、加拿大等国家的部分时间制正常班加部分时间制特殊班的安置方式也属于这一类型。另一种办法是将特殊学校与普通学校相匹配,使人、设备和学生能够相互交流和帮助。

早在1994年的"世界特殊需要教育大会"就通过了《萨拉曼卡宣言》,

这一宣言提出了"全纳教育"的思想,即倡导包括特殊儿童在内的所有儿童都能进入学校接受教育。

(二)辅导教室模式

辅导教室模式是指特殊儿童和普通儿童共同参加学校活动和课外活动,但特殊儿童需要在固定时间到辅导教室接受专业人员的帮助。辅导教室模式和特殊班的区别主要是辅导教室模式下的特殊儿童只在规定时间到辅导教室上课,其余时间在普通班级上课。辅导教师根据学生的具体情况和实际需要为他们提供各种各样的服务,如补习功课、矫正语言缺陷、身体机能训练、物理治疗、职业治疗等。辅导教师除给特殊儿童提供服务外,还经常给普通儿童提供服务。

(三)巡回服务模式

巡回服务模式是指特殊儿童在普通班级学习,巡回服务人员会对特殊儿童提供特殊教育和服务。巡回服务人员提供的教育和服务通常是定期的,一般是每周一次到五次,次数不等。巡回服务人员由语言病理学家、社会工作人员、医生、特殊教育教师等组成。位置比较偏僻的乡村地区和特殊儿童比较少的学校或校区适合使用这种特殊教育模式。

(四)咨询服务模式

咨询服务模式是指特殊儿童随普通班级就读,普通班级的教师为其提供特殊教育,但学校需要配备接受过特殊教育专业训练的咨询教师,能够通过咨询服务为普通班级的教育提供帮助。咨询教师的服务范围主要包括三个方面:一是为普通班级的教师提供特殊教育的教学建议;二是为普通班级的教师提供关于特殊儿童的心理健康和教育方面的基础知识,帮助其更好地完成特殊儿童的教育工作;三是为特殊儿童的家长提供咨询服务,使其更好地配合学校的工作。

四、多学科之间的协作得到加强

特殊儿童的很多问题关系到医学、教育学、心理学和社会学等方面,因而要解决特殊儿童的教育问题需要相关学科的专业人员之间相互配合,协同作战。这种认识近几十年来在特殊教育实践中得到了很好的贯彻。

多学科协作在特殊教育过程中主要表现在以下几个方面。

一是在特殊儿童的诊断和鉴定中,由各学科专家组成小组,对儿童的问题进行全面的检查诊断。例如,在检查评估智力落后儿童时,医学专家要检查儿童的身体发育状况、大脑损伤情况和其他身体问题;视听专家要了解儿童的视觉和听觉情况;心理学家要对儿童进行智力和社会适应能力的测量;社会工作人员要调查儿童所生活的环境,以便决定环境因素对儿童智力发展的影响,等等。

二是特殊儿童个别教育计划的制订,需要由多学科专家组成的IEP小组来负责。这个小组通常由下列人员组成:教育行政管理人员、特殊教育教师、普通教育教师、心理学工作者、医学工作者、儿童家长或监护人、职业治疗师、物理治疗师、社会工作者等。小组的主要任务是对儿童的所有评估资料进行综合分析,确认儿童的特殊教育需要和有关服务,并提出满足儿童特殊教育需要的具体措施和方案。

三是在特殊儿童个别教育计划的实施过程中,各学科专家也需分工合作,共同担负起特殊儿童的教育训练工作。个别教育计划虽然主要由教师实施,但如果没有其他专业人员的配合,其所制定的年度教学目标和短期教学目标是很难实现的。例如,儿童的言语和语言问题需要语言病理学家或言语治疗师的配合,身体机能问题需要物理治疗师的配合和职业治疗师的配合,儿童的进行性疾病需要医生的帮助等。

五、对残疾成因的讨论影响力扩大

1950年之前,很多人将特殊儿童的问题视为特殊儿童本身的问题,这主要是从医学的角度进行分析的。例如,在很长一段时间中,特殊儿童被认为是存在器质性损伤的儿童。这种观点对于问题严重的儿童来说是正确的,但对问题比较轻微的儿童来说则是不完全正确的。

特殊教育的发展扩大了特殊教育对象的范围,如今的特殊教育对象除了视力障碍、听力障碍和肢体障碍的儿童外,还包括学习障碍、情绪障碍、轻度智力落后、言语和语言障碍儿童。对特殊儿童的特殊性的判定标准已经不再只是从身心特点出发,还会根据个体对环境的要求进行判断。这种在特殊性定义中重视环境作用的认识是传统的医学模式向社会生态学模式转变的结果。传统医学认为,特殊儿童的特殊性是由儿童的生理条件或疾病决定的,社会生态学则认为,特殊儿童的特殊性是复杂的方式和环境相互作用的结果。

例如,如果仅仅在医学的方面进行检查,智力障碍比较轻微的儿童没有明显的病理症状,这就使得人们改变原有观念,在特殊儿童的生长环境和学习环境中分析原因,如不良的教育方式、糟糕的经济状况、营养不足等。再比如,对于行为方面有问题的儿童,人们经常认为这是儿童本身的问题造成的,但现在主要从容易造成儿童出现异常行为的环境本身来分析,如社会的不良现象、不健康的思想观念等。从教育方面看,医学模式向社会生态学模式的转变表现出了人们的教育观念的改变,即以改变儿童的行为为教育目标转变为特殊儿童设计适应其发展的环境的目标。

六、通过立法保障残疾儿童的权益

长时间以来,因为复杂的原因,特殊儿童的合法权益问题得不到重视,很多国家和地区对特殊儿童不愿意承担提供服务的责任,因而,特殊儿童的受教育权、人格权等基本人权得不到保障。第二次世界大战以后,尤其是从20世纪70年代开始,由于经济的发展,人们的教育观念改变和人道主义精神重又被重视,各个国家的特殊儿童的教育问题得到重视,保障特殊儿童权益的法律法规也逐渐开始实施。这些法律法规改善了特殊儿童的生存状况。

1975年,第30届联合国大会通过了一个影响深远的《残疾人权利宣言》,明确规定了残疾人所享有的各种权利。宣言规定,残疾人享有人格受到尊重的基本权利,不管其伤残的原因、特征和程度,都享有与同年龄公民同等的基本权利；残疾人享有与其他人同等的公民权及政治权利，享有医学和心理学的功能治疗、安装假肢及矫正器、接受教育、职业培训以及其他能够最大限度地挖掘残疾人的潜力，促进其回归社会或重返社会的权利；残疾人应有经济的、社会的保障，以保持其相当的生活水平，他们享有按其能力被雇用、获得有偿职业的权利，有参加工会的权利；残疾人有权和其家庭或亲属共同生活，参加一切社会活动、创造性活动和娱乐活动；残疾人对其居住条件，除特殊需要外，应避免接受有差别的待遇，即便他们住进有专门设施的场所，其环境和生活条件也应尽可能与正常人相近；如果对残疾人提出诉讼，进入法律程序时应充分考虑他们的身体和精神状态等。《残疾人权利宣言》特别强调，残疾人不分人种、肤色、性别、语言、宗教、政治见解、社会地位、贫富、出生或家庭状况，都无区别地享受上述权利。《残疾人权利宣言》的通过，标志着人们对残疾人的认识有了一个质的飞跃。

上述法令法规除了具有行政上的强制、约束作用外，更重要的是使人们的一些传统的错误观念得到了改变。现在，我国社会公众逐渐意识到，特殊儿童也是社会的一分子，和普通人一样享受人的基本权利；特殊儿童在接受教育和训练之后，能够适应社会生活，掌握社会生活的技能；特殊儿童需要得到社会的关爱，也需要得到社会的尊重。各国特殊教育的发展在相当程度上是建立在这些认识基础上的。

我国的特殊教育还滞后于普通教育的发展水平，不适应我国社会主义现代化建设的需要。相比于特殊教育比较完善的国家，我国的特殊教育事业还与之有一定的差距。为促进我国特殊教育的发展，普及残疾儿童义务教育，需要对自身发展经验进行总结，同时学习和借鉴国外先进的特殊教育发展经验。笔者提出以下几点建议。

(一)完善特殊教育的立法和执法工作

如果说提高人们对特殊教育的认识是发展和普及特殊教育的前提，那么，加强和完善特殊教育的立法工作则是发展和普及特殊教育的必要保证。特殊教育先进国家的经验表明，在公众对特殊教育的认识还不够深入的时候,特殊教育的发展和普及必须有法律做强有力的后盾。

我国特殊教育的立法工作逐渐受到了重视,取得了一些令人鼓舞的成就。在1986年4月22日通过的《中华人民共和国义务教育法》中,国家要求"地方各级人民政府为盲、聋哑和智障的儿童、少年举办特殊教育学校(班)"。1990年12月28日通过的《中华人民共和国残疾人保障法》明确宣布:"国家保障残疾人受教育的权利。"该法对学生特殊性施教、发展方针、办学渠道、教育方式、成人教育、师资、辅助手段等做了原则规定。这些法律对促进特殊教育事业发展意义重大。下一步需要各职能部门如国家教育委员会、中国残疾人联合会等尽快制定实施细则,国务院有关部门及早完善《中华人民共和国残疾人教育条例》(以下简称《残疾人教育条例》)《残疾人就业条例》等行政法规和有关规章。另外,我们还需要广泛开展宣传、学习和贯彻《中华人民共和国残疾人保障法》的活动,采取切实措施,使保障残疾人权益的法律法规得到认真遵守和执行,做到有法必依,执法必严,违法必究。

残疾人教育被纳入《国家中长期教育改革和发展规划纲要(2010—2020年)》《"十三五"推进基本公共服务均等化规划》《中国教育现代化2035》等文件中。2017年,国务院对《残疾人教育条例》进行了新的修订。为了着力办好特殊教育,努力发展融合教育,提高残疾人受教育水平,国家还特别制定实施了两期《特殊教育提升计划》。

(二)提高公众对特殊教育的认识

特殊教育发展不完善体现了经济不够发达,同时也反映了公众的思想意识和观念比较落后。智利的S.班迪博士在分析中国现代化进程时曾指出,落后和发达不仅是涉及经济发展情况的反映,也是一种心理状态的反映。因此,为推动特殊教育的发展,需要加大宣传力度,向社会公众普及特殊教育的知识,提高社会公众对特殊教育的认识程度。

从世界范围来看,1950年以后教育快速发展的一个重要原因是社会公众普遍认为接受教育是人的基本权利,也是社会发展的重要因素。我国宪法中规定公民享有平等的权利,有生理残疾的人同样享有平等的权

第二章 我国特殊教育与教学的发展

利,这非常有利于我国特殊教育的发展。但是社会公众中很多人不能科学地认识特殊儿童,个别地区将特殊教育视为福利事业,而不是将特殊教育纳入义务教育之中。

针对这些现象,有关部门需要对社会公众进行宣传,提高公众的人道主义精神,使其对特殊教育形成正确的认识,使其了解特殊教育的意义,使人们对特殊教育形成公正的看法,从而支持特殊教育的发展,能够没有偏见地和特殊儿童接触。依照现阶段我国的经济发展情况,虽然不能解决所有的特殊儿童入学问题,但需要重视特殊儿童教育事业。

(三)逐步扩展特殊教育的对象

国外特殊教育的对象包括各种类型的各种程度的特殊儿童,主要有学习障碍、言语和语言缺陷、智力落后、情绪障碍、其他健康障碍、聋和重听、肢体残疾、多重障碍、视觉障碍和天才儿童。而在我国,除了盲教育、聋教育、智力落后教育和工读教育(由公安部门主管)外,其他类型的教育目前几乎还是空白。因而,在今后的较长一段时间内,我国特殊教育发展所面临的一项挑战性的工作将会是扩展特殊教育对象,完善特殊教育体系。各地在制定特殊教育发展规划时,应尽可能考虑到使特殊学校的类型和数量与各种类型和各种缺陷程度的特殊儿童人数成比例。

(四)加强早期教育和职业技术教育工作

目前,世界各国都非常重视残疾儿童的早期教育和职业技术教育工作,新的政策和措施纷纷出台。我国近些年大力普及特殊儿童义务教育,从而造成了特殊儿童早期教育和职业技术教育比较落后的问题,具体表现为早期教育机构严重缺乏,专业教师不足,进而导致大量的残疾儿童错过了矫正和补偿缺陷的最佳时期。而在特殊儿童技术教育方面,面向特殊儿童的职业技术培训机构比较少,与之类似的机构多属于短期培训的性质,不能使特殊儿童获得系统的职业技术教育,导致他们不能正常就业。因此,在大力发展特殊儿童义务教育的同时,还需要发展早期教育和职业技术教育,采取具体可行的措施解决办学经费、机构、师资和教材等方面的问题。

(五)坚持走多种形式办学的道路

在1988年的特殊教育工作会议上,国家提出了建立以特殊学校为骨干,普通学校附设特殊教育班和随班就读为主体的特殊教育格局的设想。这实际上提出了一个以多种形式办特殊教育的问题。近年来,很多地方按照这一设想,在建立特殊学校的同时,大量兴办特殊教育班和开展残疾儿童随班就读工作,使残疾儿童的入学率大大增加。但也有少数地区只重视学校的作用,热衷于建校盖房子,而忽视办班和随班就读工作,造成迟迟打不开特教工作局面的状况。我们应该看到,单纯依赖建校来普及残疾儿童义务教育,是不适合我国国情的。一方面,建设大量的特殊学校需要足够的人力、物力和财力,现在的经济情况不允许;另一方面,我国地域广大,多数残疾儿童居住在偏远的乡村地区,即使有了特殊学校,由于经济和交通等方面的原因,他们也难以到校上学。因此,必须坚持走多种形式办学的道路。根据我国的实际情况,特殊教育的办学形式可以包括寄宿制特殊学校、特殊学校、全日制特殊教育班级、部分时间制特殊教育班级、有咨询服务的正常班级、有巡回服务的正常班级、有辅导教室的正常班级等。

第三节 我国特殊教育教学的实施

一、我国特殊教育的体系

从中国出现社会教育形式的特殊教育学校开始,已有100多年的历史,在这个过程中,由于中国的具体情况,主要发展的是初等教育的特殊学校。20世纪80年代以后,随着有关法令的颁布和特殊教育的发展,为残疾儿童进行教育服务的机构也有了很大变化。这种变化表现在:服务机构形式的多样和数量的增加;服务的层次增多;领导和管理的系统扩展。

现有的特殊教育服务机构公办的有4个系统：教育系统、民政系统、卫生系统、中国残疾人联合会系统；民办的有集体和个人办两种形式。

(一)残联系统的特殊教育机构

根据残联所承担的任务，与教育部门分工而建立起来的聋儿(主要是聋幼儿)康复机构，对聋儿进行听力和语言训练，进行学前教育，这类机构已遍及全国；残疾青年的职业培训中心，一般每一个省份都有一所，多由残联负责建立或资助建立。

(二)民政系统的特殊教育机构

一方面，由于历史原因留在民政福利系统内的特殊教育机构；另一方面，根据新的社会福利要求而设立的机构。这里面包括社区康复和寄托机构，对各种类型(特别是重度、多种残疾)儿童进行教育和训练；儿童福利院，收养和教育训练残疾孤儿或家中有困难的残疾儿童，多为常年寄宿制；部分特殊学校(目前主要指少数聋校或盲聋学校)。

(三)卫生系统的特殊教育机构

卫生系统的特殊教育机构主要是在医疗系统内进行教育康复或训练的机构，或者是与特殊教育结合的矫治机构，如言语障碍矫正、肢体残疾康复等。服务的形式有多种，如门诊治疗训练、咨询、巡诊、家庭病房、住院疗养或医治等。

此外，越来越多的由社会组织和进步人士创办的民办特殊教育机构，逐渐形成了包括学前特殊儿童教育、基础教育以及特殊成人专业教育机构在内的特殊教育体系。

与发达国家比较起来，中国的特殊教育机构数量还不足，但中国已经初步有了适合自己国情的特殊教育体系。这可从三个方面加以说明，即从特殊教育的层次或阶段、从普通教育和特殊教育的关系以及从特殊教育各层次的联系来看。

中国的特殊教育体系与普通教育体系有相同点也有不同点，与俄国、美国的特殊教育体系有相同点也有不同点。这个体系不是外国某一体系在中国的实施,也不是传统中国特殊教育或中国普通教育体系的翻版。它是适合中国国情的有中国特色的正在发展、形成的体系。

(四)教育系统的特殊教育机构

特殊学校(盲、聋、智障学校等)附设的学前班,招收学龄前残疾儿童,为他们进入学校接受基础义务教育做各方面准备;普通幼儿园中的特殊班,就近接纳某一类残疾幼儿进行学前教育;为各类(主要指视觉、听觉和智力方面)残疾的儿童、少年设立的特殊学校,全国大部分特殊学校由各级教育部门领导,由专职人员负责,根据国家的计划和相关规定开展教育工作,完成基础教育的任务;各种中等普通和职业教育,包括中专、中技、职业高中等;高等教育机构(专门的特殊教育学院或普通高等院校中的残疾人的院系或专业;各种形式的成人教育,包括研究生层次的教育)。

二、我国特殊教育的模式

(一)特殊儿童早期教育模式

1. 家庭教育模式

家庭教育模式是指特殊儿童的家长接受特殊教育的基本训练,能够对特殊儿童进行教育的教育模式。实行这一模式的依据是家庭成员共同生活的场所和环境,家长是儿童的主要教育者,家庭、邻居和社会形成一个教育环境系统,家庭作为这个大的环境系统中最直接的参与者来执行教育的计划,效果是最明显的。有研究表明,儿童接受家长的教育,家庭的经济收入、家长的受教育水平和智力水平不会影响特殊儿童接受教育的效果,但是家长对特殊儿童的态度会影响特殊儿童接受教育的效果。

实行这一教育模式之前,学校要对特殊儿童的父母进行必要的基本训练,使他们掌握一些基本的特殊教育知识和训练技能。这种模式以家长教育儿童为主,专业人员可以定期到各个家庭中指导家长,如果条件允许的话,可以在一个社区内设立小型咨询中心,由各方面专家组成,中心还可以定期举行交流会议,以解决家长在教育过程中遇到的问题。

第二章　我国特殊教育与教学的发展

实行这一模式有很多优点。一是特殊儿童在家庭中学习,学习气氛比较宽松,能够使特殊儿童适应学习的环境,有利于积极行为的巩固;二是家长是儿童最好的老师,对特殊儿童有全面的了解,和特殊儿童之间关系密切,对自己的子女提出适当的期望值;三是教育不需要特殊的场地,而且全体家庭成员都有参与的机会;四是教育费用比较经济。

但是,这种教育模式也存在不足之处。一是家长虽受过一定培训,但毕竟不是专业的特殊教育人员,缺乏系统的特殊教育知识,影响教育的效果;二是特殊儿童长时间在家庭这个封闭的环境中生活,阻碍其发展社会适应能力;三是缺乏参照对象,儿童的进步幅度、发展速度不易被家长及时发现,不能适当地调整教育计划;四是家庭教育模式比较松散,不同家庭的儿童家长互不见面,不利于家长之间进行交流;五是不同家长持有不同的教育态度,会获得不同的教育效果。因此,家庭教育模式应和其他教育模式结合起来使用。

2. 医疗康复模式

医疗康复模式是一种将医疗养护和教育训练融为一体的特殊教育模式,多以儿童康复医院和养护班的形式存在。这种模式适合于比较严重的残疾儿童和病弱儿童。在儿童康复医院或儿童康复中心配有医生、护士、教师、心理学工作者和物理治疗师等,这些专业人员会对特殊儿童的生理和心理发展的实际状况进行分析,从而确定有针对性的训练计划。

医疗康复模式不仅适用于特殊儿童的学前教育,也适用于学龄期教育。那些需要特别的医疗护理又能接受适度学业指导的学龄儿童,尤其是患有各种慢性病如严重贫血、营养不良的病弱儿童,需采用这种特殊教育模式。

医疗康复教育模式也可以不同的形式出现。例如,有根据地理环境命名的儿童疗养院,如露天疗养院、林间疗养院、海滨疗养院、湖畔疗养院等,有附设在儿童医院的病床教学班,有附设在普通幼儿园、小学的养护班,还有专为不能坚持每天到校上课的儿童设置的函授教学班。家庭教育、训练中心、综合训练及医疗康复等特殊教育模式要根据实际情况,灵活运用。这四种特殊教育模式,既适用于特殊儿童的早期教育,也适用于特殊儿童的学龄期教育。

3. 训练中心模式

训练中心模式是一种当前广泛采用的特殊教育模式。训练中心通常是政府或民间组织投资建立,配备有固定的活动场所、专业的特殊教育人员和完善的特殊教育设备。实行这一模式的依据在于较多的强化教育能使特殊儿童得到更持久、更大的发展变化,有组织的教育计划更能提高儿童认知等方面的能力。在一些经济比较发达的国家,许多人口比较密集的社区都建有特殊教育活动中心或训练中心,或是在社区活动中心里开设特殊教育培训部,附近的家长可定期带孩子到中心接受有关的特殊教育训练。这种教育模式多适合于5~7岁的学龄前特殊儿童。

近几年来,在我国一些大中城市和某些县城都建立了聋儿语训中心、聋儿康复中心之类的训练中心。有的学校还附设这一类培训中心,承担了部分的特殊教育指导工作,也取得了明显的效果。

这种教育模式的优点有很多。一是中心集中了经过系统训练的特殊教育专业人员,这些人员在一种精心安排的环境中进行教学,教育效果更为理想;二是中心有比较齐全的特殊教育设备供儿童使用;三是在训练中心,特殊教育教师、心理学家、医务人员和社会工作者可以运用自己的专业知识来帮助家长解决特殊教育中的疑难问题,特殊儿童的家长也可以交流信息,讨论问题;四是与家庭教育模式相比,中心模式更有集体学习氛围,特殊儿童能够和更多的伙伴进行接触,能够促进特殊儿童的社会交往能力和社会适应能力的发展。但是,中心模式也存在缺点。一是费用高;二是中心的教学无论是地理距离还是心理距离,对家长来说都十分遥远,限制了家长直接参与教学活动和亲子关系的发展;三是建立中心需要经济投入,不适合贫困地区和居住分散、交通不便的地区。

4. 综合训练模式

综合训练模式是一种将家庭训练和社区训练结合起来的特殊教育模式。家庭式和中心式的模式各有不可取代的优点,为了充分利用这两种教育模式的长处,采用两种模式相结合的方法,可以解决单纯使用一种模式时所产生的问题。综合训练模式将有组织、有计划的强化教育和稳定的家庭教育环境结合起来,学习气氛和亲情结合起来,这将更有利于儿童的发展。

这种模式采用的方法是,家长定期送特殊儿童到特殊教育训练中心接受特殊教育和训练,同时在家中对在特殊教育中心学习到的技能进行练习。不同年龄的特殊儿童到特殊教育训练中心的频率不同,一般是婴幼儿一周1次,2～3岁一周2次,4～5岁一周3次。在中心参加活动之后,家长利用家中的物品作为教学材料,并将从中心学到的技能灵活地运用到家庭教育中。

综合训练模式吸收了家庭教育模式和训练中心模式的优点,是一种采用得最多的特殊教育模式。它具有以下优点。

①特殊儿童的家长能够参与到特殊教育训练中心的干预过程中,了解其训练计划,以便在家为特殊儿童进行辅导。

②借助于综合训练模式,家长能够将对教育的感性认识和理性认识结合在一起。

③综合训练模式综合了课堂教学和家庭教育,家长和综合训练模式的专业人员相互配合,中心的教育计划和家长的教育经验保持一致,共同促进特殊儿童的发展。

但是,这种模式仍然存在缺点,即家长如果不配合特殊教育训练中心的工作,将达不到良好的效果。

(二)特殊儿童学校教育的模式

学龄期特殊儿童是指7～18岁的特殊儿童和青少年,他们是特殊教育的主要对象。目前许多国家都已把学龄期特殊儿童的教育列入了国民义务教育的范围,并以法律的形式确定下来。随着世界特殊教育的发展,学龄期特殊教育的模式也在发生变化。

1.特殊教育班模式

特殊教育班模式是指在普通学校设立特殊教育班,对特殊儿童进行

特殊教育班级管理与教学研究

特殊教育。特殊教育班的人数一般是 10~15 个。特殊教育班的教师需要由接受过特殊教育训练的教师担任。特殊教育班的教育方式一般是使用个别教学的方式对学生进行个性化的教学。在这个特殊教育班里，教师必须根据儿童残疾的种类和程度进行适当的训练活动。特殊儿童除了在特殊教育班学习外，还需要和普通儿童共同参与活动，以促进其交往能力的发展。

这种教育模式经过国内外多年的实践，证明有许多优势，主要有如下几点。

①特殊儿童和普通儿童共同活动能够促进彼此之间的了解。
②教师可以根据特殊儿童的实际情况对其进行有针对性的教学。
③为特殊儿童提供适合其发展的环境，从而获得良好的教学效果。
④能够促使儿童对人际关系形成正确的认识。

2. 特殊学校模式

特殊学校模式是特殊教育历史上存在时间比较长的教育模式，即为不同类型的特殊儿童，尤其是残疾较严重的儿童设立的专门特殊学校。专门的聋校、盲校、智障学校、盲聋学校等都是这种教育模式的体现。特殊学校有半日制、全日制、寄宿制等多种形式。在我国，特殊学校多采用全日制的寄宿制。

特殊学校一般都配有经过系统培训的特殊教育师资和比较齐全的教学设施，能够为问题比较严重的特殊儿童提供特殊教育。但这些特殊儿童长时间在特殊学校中生活和学习，不能适应外界社会，在学习结束离开学校后不能与普通人正常相处。因此，在一些经济发达的国家，在强调特殊教育与普通教育一体化的同时，控制了这类特殊学校的发展。

就我国特殊教育发展的现状而言，全国各种类型的特殊学校仍承担了我国特殊教育的主要任务。这些特殊学校由于基础较好、设备比较齐全，是各地特殊教育的教学、科研和人员培训的中心。特殊学校的模式也是我国特殊教育中采用较广泛的一种模式。

3.资源教室模式

资源教室模式是在回归主流运动中效果比较显著的一种教育模式,在普通班级学习的特殊儿童能够利用部分时间到资源教室接受特殊教育。哈里斯和斯库兹认为,这是资源教师为特殊儿童提供特殊教育和资源教师与普通教师共同为特殊儿童提供服务的平衡点。

资源教室模式通常是安置问题比较轻微的特殊儿童。资源教室模式最早在美国和加拿大广泛流行,近些年在很多国家得到推广。资源教室模式的主要特点是充分利用学校的各种资源,体现"回归主流"的教育思想。

运用资源教室模式,首先要建立1~2个资源教室。这种教室比一般的教室要大一些,根据教学需要分为多个教学角。教室中需要配备黑板、桌椅等教学的基本设施,还要配置专为特殊教育服务的语言教学机、盲用打字机、专用电子计算机及一系列测试与评定的量表和其他测试工具。资源教室需要由专门的负责人进行管理,为需要接受特殊教育的儿童安排课程表。

在资源教室模式中,教师需要承担教学方案的执行工作,同时连接特殊教育和普通教育,承担为特殊儿童进行辅导的工作,同时也要为普通班级和教师、家长提供咨询服务。资源教师的目标是矫治存在学业不良、有行为或社会适应问题的各类学生,使其能够在普通班级中进行学习。这就要求资源教师必须受过系统的特殊教育方面的培训,并在教育实践中承担多项职责。

现阶段在特殊教育较为发达的国家,资源教室模式得到了普遍应用。一些学校充分利用资源教室对特殊儿童进行评估和鉴定,向家长宣传特殊教育的基本知识和基础技能。

4.一体化、全纳教育和随班就读模式

自1960年以来,特殊教育的主要思想是主张特殊儿童在障碍比较少的环境中接受教育,这种思想在全世界的影响非常广泛。最早期的回归主流所指的对象是轻度智力障碍儿童,后来逐渐发展到包括其他类别的

轻度障碍儿童，也包括一些中度和重度的残疾儿童。

(1) 一体化教育模式

一体化教育模式打破了传统的将特殊儿童安置在特殊学校或特殊班级中接受教育的形式，提倡特殊儿童和普通儿童共同在普通学校中接受教育，同时根据特殊儿童的实际问题开展有针对性的教育，为其制订教学计划，并保证特殊儿童能够和普通儿童共同生活和学习。

(2) 全纳教育模式

1990年左右，在国际特殊教育领域出现了全纳教育或融合教育这种观点，全纳性学校也纷纷建立起来。1994年，世界特殊教育大会上通过的《萨拉曼卡宣言》中提到"以全纳性为导向的普通学校是建立全纳性社会和实现全民教育的最有效手段"。全纳性学校要能够满足所有儿童的发展需要，包括特殊儿童的发展需要。尽量保证所有儿童能够共同学习。因此，全纳性学校要能够提供所有儿童都适应的学习方式和学习环境，通过适宜的课程、学校组织、教学策略、社区合作，确保面向全体儿童的教育质量。

(3) 随班就读模式

我国随班就读的特殊教育模式与西方的一体化和回归主流模式在形式上有共同之处，也是在普通教育机构中对特殊儿童实施教育的一种形式，让特殊儿童和年龄相同的普通儿童共同学习，教师要根据特殊儿童的需求对其进行特殊教育。但是，随班就读模式在出发点、指导思想、实施办法等方面具有鲜明的中国特色。

在我国的特殊教育中，随班就读是一种重要模式。1997年，原国家教委颁布了《关于开展残疾儿童少年随班就读工作的试行办法》，其中规定随班就读是特殊教育的主要办学形式，是开展特殊教育的有效途径。该法规还对随班就读的具体实施做出了严格的规定。例如，学校要使特殊儿童和普通儿童共同参加学习活动，以弥补其生理缺陷和心理缺陷；让特殊儿童接受能够满足自身发展需要的教育和训练，从而得到全面的发展；特殊儿童在接受教育时使用和普通学生一样的教材；学校可根据特殊儿童的实际情况调整教学内容。

除了上述几种特殊教育模式之外,还有特殊教育巡回服务中心,鉴别、诊断、评估中心,行为训练中心,咨询中心等特殊教育模式。这些教育模式的出发点是,采用不同的形式和方法,在最少限制的条件下,最大限度地满足特殊儿童的需要,使特殊儿童做到生活上自理、经济上独立,最大限度地发挥自己的潜能。

因为受回归主流思想的影响,为了体现特殊教育与普通教育一体化的思想,许多特殊教育比较发达的国家采用得更多、更广泛的特殊教育模式是在普通学校建立资源教室,其次便是在普通学校设置特殊教育班。这两种教育模式有助于特殊儿童与普通儿童之间的交往,增强特殊儿童的适应能力。

第四节 特殊教育教学课程实践——以数学为例

在特殊教育教学体系中,数学学习是提高学生能力的重要途径。新时期国家对特殊教育的重视程度提高,因此不断提高特殊教育小学数学教学有效性是时代发展的要求。特殊教育教师要立足于学生需要,以提高学生的社会生活能力为目标,制订科学的教学计划。本文结合当前特殊教育小学数学教学的现状,提出相关方法,以促进特殊教育小学数学教育的健康发展。

一、特殊教育小学数学教学中存在的问题

(一)教学方式方法过于落后

特殊教育是我国基础教育体系中的重要组成部分,具有基础教育的普遍性,同时它面对的群体以智力障碍学生为主,在教学方式的选择上具有特殊性。这些学生因天生存在缺陷,需要教师在教学过程中付出更多的精力,结合学生的实际情况,采取独特的教学方法,让学生获得知识,提高自信心。但是在当前的教学实践中,教学方法过于落后,课堂教学以教

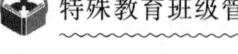

师的讲为主,不适应特殊学生的教学需要,难以完成预期的教学目标。

(二)缺乏对教学内容的准确把握

特殊教育体系中小学数学教育以生活数学内容为主,目的在于提高学生的生活技能,因此特殊教育体系中的小学数学教育内容与普通教育内容有很大的不同,特殊教育小学数学教育内容同正常教材内容相比会更加简单,虽然如此,教师仍然需要对教育内容有准确的把握,但是教师没有对教学内容进行研究,导致数学教学停留在知识层面,并没有把握好生活化教学原则,没有提高学生的生活技能,不利于特殊教育小学数学教育的长远发展。

(三)教学目标不够明确

教学活动并不是盲目开展的,而是要符合具体的教学目标。教学目标是教师授课的方向引导,是教学活动的重要组成部分。当前特殊教育小学数学教学工作中,很多教师教学目标不明确,主要体现在不符合学生需要、教学过程混乱、重难点突破不到位等,不利于特殊教育学生对知识技能的掌握。最直观的表现就是,当前很多特殊教育学校的课堂教学环节越来越偏向普通学校的教育模式,教学目标以掌握知识为主,课堂教学过度理论化与抽象化,对特殊教育学生而言,理解起来难度更大。因此,只有在准确的生活化教学目标的支持下,特殊教育教学活动才能真正实现其教育价值。

二、提高特殊教育小学数学教学有效性的方法

(一)创新数学教学方法,建立和谐融洽的师生关系

特殊教育学生由于智力缺陷等因素,掌握数学知识存在较大困难,同时学生缺乏自信心,学习没有劲头。为提高特殊教育小学数学教学的有效性,教师首先要了解学生,分析不同学生的学习需要,采用更加生动的教学方法,帮助学生不断发展。在新颖的教学方法的帮助下,教师可以不断拉近与学生的距离,构建良好的师生关系。为了更好地了解学生、亲近

学生,教师要主动与学生交流,在课上了解学生的学习情况,课下了解学生的生活情况,让学生感受到教师给予他们的关爱和理解,感受到教师的鼓励,让学生愿意与他人交流。

就教学方法而言,教师既要关注小学数学教育的普遍性,又要关注特殊教育学生的特殊性。首先要引导学生进行有效的课前预习,课前预习的内容要多与学生的生活相联系,方便学生理解,同时使之发现生活中的数学奥秘,提高数学学习兴趣。在课堂教学中,特殊教育学生很难做到认真听讲、认真做笔记等,如果教师过于重视知识的讲解,学生在理解上有很大的困难,就会影响学生的学习积极性。为了让特殊教育小学数学教学发挥作用,教师应立足于学生基本情况,采用生动化、生活化、多样化的教学方法来降低学习难度,为学生的学习搭建桥梁,从简单的基础知识入手,一步一步引导学生不断思考。面对智力障碍学生上课注意力难以集中的问题,教师需要在教学过程中定时进行集体活动,将学生的注意力再次集中到课堂教学上,促进教学的高效率进行。在学生打好基础后,再加深学习难度,并与生活相联系,学生感到熟悉,就能更好地理解知识。

对特殊教育学生而言,他们虽然存在智力问题,心理发展存在滞后性,但与普通小学生一样对游戏类活动更感兴趣,因此多采用游戏化教学方法,符合特殊教育小学数学教学的需要。通过游戏增强数学知识的趣味性,调动学生学习的积极性,从而使之更好地获取知识。

(二)注重学生观察能力的培养

观察能力是学习数学的重要能力之一,它对学生尽快了解数学信息、快速建立正确的思维有极大的帮助。对特殊教育学生而言,在智力有所欠缺的情况下,不断提高自身的观察能力,能充分了解数学题目信息,降低分析与思考的难度,从而帮助自己快速解决相应的数学问题。智力障碍学生也有独立的思维,通过观察能获得对数学题目的认识,能提高自身的数学素养,有利于学生不断提高数学能力。例如,在学习"可能性"相关内容时,智力障碍学生难以理解数学上的"可能性",其实数学的"可能性"与我们生活中的可能性是相关联的,这时候教师可以引导学生先从自己认识的"可能性"开始,从生活中寻找哪里会用到"可能"一词,这里就能把抽象的数学概念转化为学生的生活观察。例如,有的学生说他看到有人去了商场,那么他就有可能是去买衣服;有的人在路上走得很急,那么他有可能有紧急的事等,以此先让学生感受到"可能性"的相关意义,然后引入本堂课的学习。在"可能性"的教学过程中,我们通常会利用"摸不同颜色的球"这一活动,让学生理解它的概念,面对智力障碍学生我们同样可以采取这样的方法,在活动过程中重视学生的观察过程,每当教师从箱子中拿出一个颜色的球,学生就能通过观察得出简单的结论,随着拿出球的数量的不断增多,学生也能观察到箱子里哪种颜色的球放得多,拿出来的球是哪种颜色的可能性就更大,以此来逐步理解"可能性"的意义。在这个主题的教学中,我们用不同颜色的球这一教具来吸引学生的注意力,为学生的观察奠定了基础,有效提高了学生对这一知识点的掌握程度,帮助他们更好地学习。

(三)利用多媒体设备丰富教学内容

对特殊教育小学数学教学而言,多媒体设备具有得天独厚的优势,它能将抽象的数学知识用具体的图形、动画等方式展示出来,方便学生理解。特别是这些特殊教育学生,在他们的理解能力较弱的情况下,教师利用多媒体进行授课能增强视听效果,提高教学有效性。特殊教育学生的思维水平也存在一定的问题,因此教师需要首先对学生已有的思维能力有准确的定位,因材施教,保证教学目标的顺利完成。随着国家对特殊教育重视程度的不断提高,特殊教育学校的多媒体设备日益完善,这为教师创新自己的教学方式、提高教学效率提供了客观条件。教师可以借助多媒体设备将纸面上的教学内容动态化,为学生提供良好的学习氛围,帮助智力障碍学生对数学知识有更直观的认识,促进学生的发展。在校园里,学生难以亲身参与到生活当中,利用多媒体可以将课堂教学与生活紧密联系起来,培养学生生活技能,帮助特殊学生逐步适应社会,发挥自身的价值。

数学学科具有高度的抽象性和逻辑性,对普通小学生而言学习都存在困难,对特殊教育学生而言更是如此。如果采用灌输法进行教学,无法满足学生需要,同时会影响学生的积极性,这种方法仅以传授数学理论知识为主,特殊教育学生理解起来有很大困难,久而久之会影响他们的信心,甚至他们出现自卑等负面情绪,不利于学生发展。这时教师就可以采用多媒体进行教学,生动地展示教学内容,在多媒体教学中更多地加入学生的日常生活内容,方便学生理解,促进学生数学思维的不断发展。例如,在进行"买东西"这一内容的教学时,教师如果让学生通过记忆去背"找零"等相关数学概念,效果反而不好,我们利用多媒体设备构建一个"在超市帮妈妈买东西"的生活情境,让学生了解买东西时要做的各种事情,明白每一个过程的意义,并可以让学生在课堂教学中模拟这一过程,提高学生的课堂教学参与度,让学生更好地学习这一知识。

(四)通过多种方式指导学生

在特殊教育小学数学教学中,受教师过于落后的指导方式的影响,特殊教育学生的学习过于被动,学生的主体性没有得到发挥。长此以往,学生学习到的数学知识无法应用于生活,做不到举一反三,无法真正实现特殊教育目标。因此,教师要及时转变观念,用更加有效的方式指导学生,促进学生对知识的理解,使之将课堂所学知识运用于生活中。不同学生对不同方法的接受程度是不同的,因此方式的多样性影响着学生的学习效果。例如,教师在指导学生进行课前预习时,为提高预习效果,可以先用讲故事的方式吸引学生注意力,让学生带着问题进行思考。在学生具体操作时,有的学生阅读能力强,那教师就用阅读的方式指导学生预习;有的学生计算能力强,那教师就用计算题的方式让学生逐步深入学习。教师以学生喜欢的方式组织课前预习,能让学生尽快了解本堂课的主要知识,养成良好的学习习惯。

即使是在特殊教育体系中,小学数学教学也要培养学生的数学思维能力,让学生学会用数学的眼光看社会,提高学生的生活能力。在传统的教学方式下,学生的思维得不到发展,数学能力没有得到提高,无法充分发挥主观能动性。特殊教育小学数学教学要充分发挥学生的主观能动性,以学生为中心制定教学目标,组织教学活动,在活动中指导学生学习,提高学习效率。其中,教师在课堂教学中要走近学生,与他们进行互动交流,特别是对于一些不愿意表现自己的孩子,更要去了解他们,在学生中间,教师能了解到学生的需要,方便自己确定合适的指导方法,做到因材施教。在作业环节,教师应改变传统观念,不再注重作业的独立性,而是采用小组合作的方式,让学生试着与他人交流,大家一起用数学思维解决问题,而教师也能以小组为单位进行指导,减少工作量,为教师指导全体学生提供机会。与此同时,作业的选择也要符合每一个小组全体成员的特性,教师要以学生喜欢的方式进行指导,让学生能快乐地完成作业,提高自信心,获得成就感,在小组交流过程中提高数学思维能力和语言表达能力,从而更好地完成教学目标。

为了保证教师的指导符合学生需求,教师需要引导学生思考,以确保学生在大方向上不会偏离,以此训练学生的数学思维,提高其数学能力。只要学生能在教师的指导下沿着正确的思路思考,就能变犹豫为坚定,变被动为主动,做到正确分析理解题目要求,提高解决问题的能力,让特殊教育学生也能不断发展数学思维能力。

(五)重视学生实践能力的培养

特殊教育的重要目标就是培养学生的生活技能,让他们独立,实现自己的价值,因此学生实践能力的提高是非常重要的教学内容。在普通的小学数学教学中,学生能正常思考与生活,我们非常重视学生数学思维的训练,对其动手实践能力的培养更多的是利用课下时间让学生自己训练。对特殊学生,通过直接的数学理论知识讲解的方式,教学效果微乎其微,可以借助实践活动的方式将数学知识传授给学生,同时让学生掌握生活技能,完成相关的教学目标。例如,在讲解"位置与方向"的相关内容时,作为一项重要的生活技能,我们可以通过实践的方式来使学生掌握这一知识。首先,方向与我们的生活息息相关,借助生活实践能让智障学生感受到知识与生活的联系,同时也降低了学习难度。为保证相关实践活动的开展,教师可以在课前找到一份当地的地图,然后为学生创设一个问题情境:"×××想去你的家,他向你问路,你该怎么回答?"通过这个问题让学生不断深化方向的相关知识。而问路这一生活技能较为常用,通过这一活动能不断锻炼学生的生活技能,帮助学生更好地生活。其次,以学生的家作为教学背景,学生感到熟悉,因此在学习时会更有信心,参与度也会更高,对知识的掌握程度也会更好。最后,以学生问路为教学活动,组织的课堂教学丰富度更高,甚至住在同一地区的学生可以组成小组,展开小组合作学习,能充分提高学生的数学素养,有利于特殊教育学生的发展。

综上所述,特殊教育小学数学教学也要在新课标的指导下发展学生思维,提高学生适应生活的能力。这部分学生先天存在智力障碍,理解数学知识存在困难。因此,教师要采用多种教学方法,提高学生的学习兴趣,让特殊学生也能体验到数学学习乐趣,不断提高学生的生活能力。针对目前教学目标不明确、教学内容未深入研究、教学方法落后等问题,教师要及时转变思路,以新课改为契机,创新教学方法,营造良好的课堂教学氛围。同时熟练利用多媒体组织教学,更要采取多种方式与学生有效互动,以此提高教学效率,促进特殊教育小学数学教学的健康发展与进步。

第三章　特殊教育班级管理的创设

第一节　班级常规基础

常规是指日常生活中的规矩、条例。俗话说:"没有规矩,无以成方圆。"社会生活中的人,需学习、遵循一些规则才能自立于社会,与社会的人、事、物正常交往。这就是我们所说的"常规",缺乏社会生活常规的人不能称为真正意义上的人。

一、班级常规管理的意义

班级常规特指教育教学中班级环境里需遵循的、基本的规矩。此外,包括正向行为支持,同时伴随对不良行为的改正。

(一)班级常规是教育教学正常进行的保证

班级的教育教学要想开展起来,并正常进行,除教师、教材、教学设备外,还需学生能坐下来专心听讲、不无故离开座位,能服从教师的教导、听从指令,能够学习模仿动作、行为,同学间互助、协调、不随意吵闹、打骂,爱护桌椅、保持书籍作业的清洁、不随地吐痰、不乱涂作业本等。所以,班级常规的建立首先是维护教育秩序,并为教学活动的展开创造必要条件。

(二)养成良好的行为习惯

在学生理解、执行班级常规的过程当中,培养学生养成良好的行为习惯,形成自制、自律、自动等品质,提高学习生活质量,为今后步入社会生活打下基础,使其终身受用。

(三)引发学生的学习兴趣

学生学习兴趣在班级常规管理中可以引发、强化。比如,举手回答教师提问,按时完成作业,卷面干净、整洁等行为应受到表扬。得到肯定后便会使这些行为得以强化。常规训练换来的良好学习环境,可提高学生学习成功率,进而增强学生的学习兴趣。

(四)创造和谐的人际环境及充满支持的环境

有了常规、常情训练的班级师生之间、学生之间能够相互尊重、相互帮助。有一定的默契、和睦、协调,这样的人际环境有利于师生双方的身心健康,也有利于教与学。

运用强化练习改善学生在班级中的行为,虽然广为教育人员所肯定,但毕竟只将注意力集中在学生改变上。近年在对智力障碍的新定义中,对智力障碍者各项服务措施由"智力障碍者"本身转移到"环境"。强调一个充满支持性的环境,要比一味训练智力障碍者获得适应环境能力来得积极。在智力障碍者行为表现上也由传统的改变问题行为,转为在智力障碍者环境中构建一个可以支持智力障碍者行为的系统。过去的行为改变方案,便由行为支持方案所替代。如何了解其功能并适当给予满足,成为对智障教育教师及所有特教教师的挑战。因此,就有以"挑战行为"来代替"问题行为",以"积极行为支持"替代"行为矫正",从而启发教师对行为、习惯养成的新观念。

二、班级常规管理流程

班级常规管理一般按以下步骤进行:

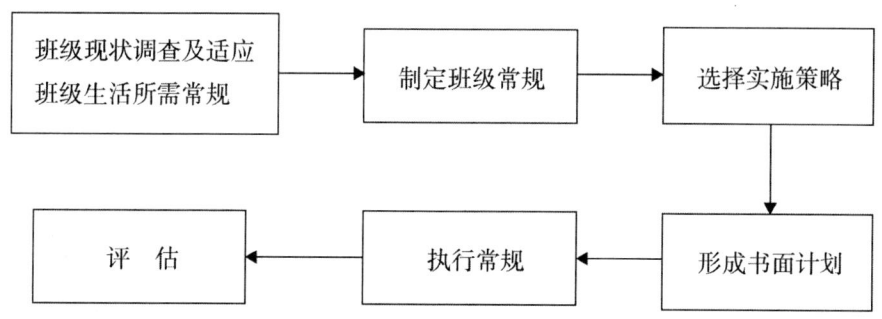

下面将就全部流程中的各步骤分别进行介绍。

特殊教育班级管理与教学研究

(一)班级现状所需常规

1.意义

调查班级现状和了解所需常规的目的在于,有针对性地确定班级常规内容、真正切合本班级的需要,并培养出相应的适应行为。

2.班级现状

班级现状是指全班学生现存的适应行为极不适应行为表现,学生的理解与对教育的依循情况。

3.调查班级现状的依据

现状	依据
课程评量结果	课程中许多项目是有关班级常规的,从评量结果可以了解每位学生的班级常规执行能力。
日常教育教学的观察、记录	在教师每天的教学活动观察、记录当中,体会到诸多班级常规问题。比如:多数学生不能等待食物的到来,上课听课不专心、东张西望,学生不合群、难于进入集体活动当中,有攻击行为出现。
班级环境对学生的需求	班级常规应按学生所处的班级环境而定。比如:教室须小声讲话,寝室要保持清洁,就餐前应先洗手,户外活动要注意安全等。
社会环境对学生的需求	班级常规还应考虑社区、社会环境的要求。比如:公共场所(如电影院、图书馆)不能大声说话,乘坐公共汽车要排队上车、给老人小孩让座等。
教师设计的常规评量表	通过教师自己设计的常规评量表,比如:对学生的服从、注意,与人互动等常规行为的评量,来了解学生的现状。

(二)制定班级常规

1.制定班级常规的原则

(1)合情。班级常规的制定不能脱离班级学生的实际情况。如果一班学生在大多数情况下不能正确交往,常互相推打、争抢玩具,不懂得上课铃响了要进教室,不知上课时未经许可不能随便离位,那么这几项都应选为常规训练的内容。如果某班学生均已做到了见到教师问好,此项就不必再列为常规训练内容。所遇班级不同,学生实际就不一样。如教十一二岁的学生吃饭时要说大家请用、慢慢吃、把手放在背后等,就不太合情了。

(2)合理。制定班级常规需注意其合理性,合理性有各种表现:①上课时双手背在背后就不太合理。因为违反了学生生长发展的规律,也模糊了学习场景,做作业、举手发言等就不可能保持双手背在背后。②一位常常打人、什么东西都不愿借给别人的学生,一开始就要求他"与同学互爱,关心他人"也不合理,因为这超过了该生目前的能力和理解程度,目标要求过高。

(3)可操作、可观察。常规项目应该让学生去做,且便于观察。比如,"对人有礼貌"的操作性不如"见教师同学能主动问好""能恰当运用对不起、没关系等礼貌用语"。常规训练重要的是"做"的功夫。

(4)简明扼要。常规项目一次(比如:一学期)不宜过多,以 5～8 条为宜。因为条目过多难以完成。适当的条目可以不断训练强化,效果更好。每条常规表述应简明扼要,啰啰唆唆的表述使重点难以记忆。比如"如要回答问题应先举手,待老师叫到你再发言"就不如"发言先举手"简洁突出且更具指令性。

(5)正面行为表述为主。常规制定以正面行为的表述为主,因为对不适应行为的矫正是在对适应行为的建树当中。告知应该这样做比告知"不准那样做"的心理效应更佳。

(6)方便可行。拟订班级常规时,应同时考虑该常规在班级中是否能够执行,如何执行。如果制定奖励的规章,将奖励资金和物品规定过高、过多便不易执行。

2. 班级常规内容

学校生活所需的所有行为都是班级常规的内容。

分类	内容
按学校生活场景分	教室常规、寝室常规、进餐常规等
按活动性质分	清洁常规、礼貌常规等
按生活教育分	道德生活常规、卫生生活常规、劳动生活常规、休闲生活常规等

角度不同还可以有许多分类法,教师在拟订常规时可以参考。

(三)选择实施策略

拟订好各类常规以后应该考虑通过什么途径、用什么方法来实施常规,也就是如何将头脑中的、纸上的东西转化为学生的行为。这可称为选择实施策略。

1. 预防策略

在学生问题行为尚未出现时,防患于未然,尽量克服一些产生问题行为的可能性。比如:给学生创造采光、通风、清洁、符合卫生标准的课桌椅及合理的教室布置;教师通过平等、公正、以表扬为主的教育可预防问题行为的出现;同时教师着装素雅、语言流畅,不故作姿态,能引发学生对学习本身的兴趣与注意。教师还应发现问题行为的苗头,及时制止。如某两位学生最易出现冲突,那么,在座位、队列安排时将二位分开是解决问题行之有效的办法。若某生近几天情绪烦躁,教师应找到原因,多加关照。当某生有一两个问题行为出现时,教师可以忽视其行为并立即转移,进入更具吸引力、更紧张的活动中。当然,教师选择最适合学生的课程与教材教学法、组织最适合学生的活动,也是避免问题行为出现的有效举措。医学主张"预防为主",常规训练也如此,强调预防先于、重于矫正。

2. 支持的策略

与预防的策略相联系,在问题行为出现前或出现时,教师应及时地给予支持性协助,让问题行为不出现或能获得矫正、中止。正向行为在支持性协作中可获得肯定与增强。

支持策略可以调动学生的自律、自制、自动能力,鼓励引发、启动正向的期待行为。支持策略中技巧很多,以上列举出一些,不可能涵盖全部,仅供教师参考。

3. 纠正策略

(1)什么叫纠正策略?指问题行为出现时、出现后对该行为的否定和矫正。纠正策略与支持策略相联系,支持中有纠正,而纠正本身也是支持。特别要指出的是,纠正策略主要强调的是问题行为的出现。特殊儿童身上问题行为存在比较多,比如:智力障碍儿童、自闭症儿童有不少行为问题,需要解决。

(2)如何处理问题行为？

策略	举例	说明
立即制止严重不良行为	如果在活动当中出现了严重干扰教学活动正常进行的不良行为，比如：打人、咬人、砸教具、尖叫、哭闹不止等，教师最好暂停教学（将该生送出室外），有时需动作配合制止该行为。	将违规学生交给别的教师或助教处理。若无其他帮手，教师可以让班级学生做短时间的自我活动（如画画、看书、念书等），若离下课时间近，则提前下课。对违规学生作暂时的处理，令其与其他学生隔离，或让在一边面壁想想等，不要为处理一个学生而忘记全班学生。制止学生问题行为时，教师应坚决，但不能粗暴，应严肃但不可气急败坏，不能体罚学生。
与违规学生谈话	教师要让学生说出他今天为什么被请出教室，做了什么不对的事及为什么要这样做。有的学生谈不出来，教师则应给他指出是哪件事不对，为什么不对。	与违规学生的谈话要在学生的理解范围内，老师要明确否定其问题行为，并就事论事。
指出何为正确行为。在否定问题行为时教师可以引导学生说出正确行为，或告知其正确行为	将桌上的书籍、本子、废纸全抛到地下是不对的，书本应放整齐，废纸要扔入纸篓。指出正确行为可以在问题行为出现现场，并可要求学生立即将其捡起来放好。视具体情况，也可以不在现场进行。较好的方法是在现场进行，并有正确行为的练习。	为让学生明白什么是正确行为，还可通过学生承认错误的方式进行。如，某生动手打了一位同学，在该生认识到自己行为是错误的以后，令其向被打同学道歉。
让学生明白事件的因果关系	问题行为出现后教师可能通过因果关系的教导来纠正其行为。问题行为已对别人造成不好的影响，产生了不好的结果，被打的小朋友哭了，脸被抓破了，扔得满地是纸，教室乱糟糟的、不干净。	问题行为出现后将受到的处罚：老师的批评、罚站、不准去看电视等。
善用行为A、B、C分析的方法：A行为原因、B行为、C行为结果	A因为想要旁边小朋友手中正玩着的小汽车，而小朋友不给，B学生大哭大闹，C老师给了该生一个他喜欢的小汽车，学生停止哭闹。	这样的处理会增强该生用哭闹获得物品的行为，教师应改变行为处理方式。

(四)形成书面计划

班级常规的执行，贵在师生双方共同努力，而且还要有家长的支持，在发现了班级中存在的问题及需求时，要及时地制定常规，选定实施策略，并形成一个书面的计划，便于教师、学生执行，便于家长了解情况，也有利于评量工作的开展。

1. 计划参编人员

班级常规计划的组织者是教师,同时邀请家长参加,中高年级学生应积极地参与,还要和其他工作人员一起共同讨论。

2. 计划内容

拟订常规目的、常规内容及标准;执行常规的策略与方法;所需材料和资源;执行日期、负责人;评估常规的方式及期限。

(五)执行

执行常规也可以说是执行常规训练计划,在前面的常规内容和实施策略中已经涉及了执行常规的问题,这里着重谈执行常规的原则与常规执行步骤。

1. 执行常规的原则

(1)坚持训练、不破例。常规训练贵在坚持,要天天练习,成为较为固定的行为模式。三天打鱼两天晒网不可能训练出良好的常规行为。训练不能因一些干扰而借口中止或改变,比如:每天早晨圆圈活动时值日生要摆好椅子,不能因为有人要来参观,教师预先代劳;也不能因天热、天冷、下雨等而随便取消下午的清洁扫除;更不能放弃每天放学前必须进行的评议和奖励。

(2)不断重复。同一常规训练要不断重复,有的常规行为看似建立起来了,实则并不巩固,会随着时间的推移而逐渐消退,其中很重要的一个原因是重复不够。当然,这里所说的重复,除简单重复外(如每天一到学校见到老师、同学要问好,要在每天的相同场景中重复训练),还应有在不同场景中的练习。如:在学校其他地方、在校外,遇到老师也要打招呼和问好,这也是一种重复。当然还可有其他形式的重复,如:到老师家做客,给老师拜年时练习向老师问好。

(3)维持好例行常规训练。常规训练除阶段性重点训练外,每日的例行常规训练也不可松懈,切不可抓了重点而放松日常。作息常规、一日常规训练均属日常。老师应形成进行例行常规训练的习惯。

(4)常规条目制定后不能经常更改。常规训练条目一旦公布,就成为师生行为的准则,要坚决执行。有的教师朝令夕改,头两天要求所有学生中午十二点半开始午休,过几天又宣布不午睡的学生在教室集中;明明定好的奖励方法中,五面小红旗可以换一支铅笔,到兑换时又变成七面红旗才可换一支铅笔。诸如此类的更改,令学生无所适从,也使常规条目失去指引及严肃性,导致学生对老师的不信任。各位教师执行常规时的态度要一致。当然并不是说常规条目不准修正、更改,这里强调的是,条目要有一定时间的稳定性与内容的一贯性,所以,在拟订条目时,一定要尽可能准确地把握学生实际、学习生活需求实际、环境实际,要有周密的计划安排。

(5)奖惩分明。学生在良好行为建立、不良行为的克服中,奖惩运用会起到很大的作用。有关行为矫正的理论与实践论述颇多,教育教学中运用广泛。常规行为训练当然要采用奖惩手段。首先,需要依常规训练计划拟出奖惩的标准与方法,这是奖惩的依据。其次,要按规定标准与方法给予奖惩,在执行奖惩时一定要针对事实,严格办理。不能因人而异,也不能随意改动奖惩的条例,真正做到奖惩分明,学生才会对行为后果有明确的认识和理解,从而增强正向行为,克服不良行为。

(6)榜样与模范作用。执行常规中,榜样的模范作用不容忽略。首先,教师要起到表率、带头作用,教师的言语为学生所效仿。不随地吐痰、不乱扔垃圾的教师才可能意识到要将这些内容列入常规训练当中。不爱整洁的教师很难教导出爱整洁的学生。脾气暴躁、唯我独尊的教师,只会造成学生的对抗、抵触、烦躁、怯弱、冷漠,滋生不敢承担责任、说谎、讨好等行为。其次,同学的良好行为,教师若重视并有意推进,学生榜样学习起来更接近、更切实,也更易为其他学生理解接受。教师给学生一个"应该这么做"的活生生的榜样是执行常规常用的方法。

(7)家长的协助参与。常规行为的建立不是一日之功,要靠长期训练。常规行为贯穿学习生活,教师虽然是班级常规训练的统领,但教师不可能每天二十四小时全程陪伴学生。学生生活在家庭的时间不少,常规

特殊教育班级管理与教学研究

行为的训练与养成,必须有家长的参与和配合,加之亲子关系对儿童行为的影响至关重要。"有其父必有其子",足见影响力之大。

2. 常规执行步骤

为了有效地执行常规,就有一个按怎样的顺序、步骤进行的问题。

(1)宣布常规。常规经讨论以后,要形成文字,书写上墙以昭示教师与学生。常规应贴在醒目处,便于警醒记忆。常规宣布后,应有关于常规条例的专门例会,向学生再作口头宣布和解释。协助学生理解常规各款的内容和含义。告知学生与常规匹配的奖惩条例,并让学生明白常规与奖惩条例的关系。当然对常规的理解更重要的是在执行当中。

(2)促成常规执行。

(3)实施奖惩。依据常规执行情况,对照奖惩条例实施奖惩。

策略	内容	举例
书面文字提示	通过文字提示促成常规执行。	常规执行可视具体场景作文字标示;垃圾桶边写"请将垃圾装入桶内",饭厅里可贴"吃饭请保持安静",图书架上贴"请爱护书籍,阅后请放回原处"。
口语运用	口语运用是促成常规执行通常采纳的方法。	口语提醒、表达、暗示、制止,促进各种行为。
体态、动作运用	体态动作属非语言沟通,在执行常规时可与学生商量一些动作,如将食指伸直放嘴唇上,表示不说话。	笑表示对帮助同学行为的赞扬。体态、动作语言运用得当效果会很好。
符号、信号表示	以一些有特点的符号或信号作为执行某常规的指令。	比如:铃声或钟声表示上课或下课,某段乐曲表示安静、坐下来,某手势表示打开书等。
为执行常规创造条件	要想学生执行常规,要有一定的执行常规的条件。	你要学生每天做教室清洁,就要有盆子、抹布、扫把的准备。
个别协助训练	不同学生常规执行情况有异,要针对学生之间的差异分别予以协助与训练。	比如:全协助、半协助、口语协助、动作协助等。促成常规执行,除以上谈到的六个方面外,还可参考前面谈到的"执行常规的原则"中的部分内容。

(六)评鉴

常规执行的时间可以是一个月或一学期,特别要按常规规定的时间,对常规执行情况和常规内容及执行常规的办法做评鉴。评鉴以后针对评鉴结果修改常规,找出更适当的训练方法,拟订出新计划。

第二节　班级环境管理

一、偶发事件的应对

(一)何谓偶发事件

偶发事件指突然发生的事或意外的事件。特教班偶发事件出现率高于一般班级,教师应在处理班级日常例行事务的同时,有对偶发事件的正确处理方法。偶发事件出现常常影响或者严重干扰教学,使教师束手无策。同时,偶发事件也要求教师在短时间,甚至瞬间作出决断,也是对教师智力、意志力等的综合考查。

(二)偶发突发事件所包含的内容及原因

偶发突发事件种类较多,原因各一。一般在特殊班级内发生的有:

1. 参观人员、陌生人的到来致使班级教学无法正常进行;教材、教具准备不够或遭破坏;备课不充分教学时方寸大乱,上岗人员因事或毫无预告突然缺岗,教师本人失职或忽视,导致学生情绪异常;或外界环境刺激引发学生失控失态的行为,如:站在危险高地欲往下跳,撕扯、损坏同学的书籍等。

2. 同学之间出现矛盾、争执,相互推拉、扯打造成的伤害;障碍环境而致的伤害,突发疾病,出现惊厥、抽搐等。

3. 教学不当或环境引诱或突发念头、学生私自出走。

4. 突然出现的大小便失控。打雷、闪电、刮风、下雨或突然停电等突发情况,造成学生的惊恐。

以上列举了部分偶发事件,便于教师理解、认识。当然偶发事件不止于此,原因也是多方面的。

(三)处理偶发事件的态度与方法

教师平常应对特殊班级中可能出现的偶发突发事件增加了解,并应作"如果出现某种情况,我应如何解决"的设想与准备。偶发、突发事件虽然突然,但并非毫无迹象、毫无原因,教师应该抓住蛛丝马迹、查明原因,要有防患于未然和预防性的措施。如:排除障碍环境,分开争吵厉害的两位好斗学生;教具多准备一份,常作教学评量检查,等等。偶发事件如已发生,则应沉着、镇静,在最短的时间内以最快的速度、最佳的方法予以解决。切忌惊慌失措,或是拖沓、犹豫不决。学习一些处理偶发事件的方法与技巧,比如:学生趴在楼上窗户不下来,教师不可大呼小叫,可以以亲切、和蔼的语言劝说,慢慢地接近学生或请另外的人从学生的背后悄悄靠拢,将其抱下。当学生被一场罕见的大雪所吸引,无法正常教学时,干脆做其他活动;比如让学生到雪中去,教师与学生一起看雪、玩雪,再介绍与雪有关的知识等。如有人员缺岗,上岗教师应立即补位。做好偶发事件的情况、原因、处理方法、结果分析等记录,以便对该事件加强了解并积累经验。这里最重要的是增强自我责任心。平时应有突发事件处理的学习、预案及演练,如:火灾、地震撤离疏散,迷路向他人求助等。

二、学习必备能力的培养

学生的注意(专心)、模仿、服从是学习的必备条件,应加以培养。学生要能够生活、学习,必须具备三个基本条件,即专心、服从、模仿,对这三个能力的培养应该纳入常规训练当中。

(一)专心、服从、模仿三个概念解释

1.专心

专心指注意力,即人对一定事物的集中指向。它使人的心理活动处于一种积极状态,并且具有一定的方向性。注意力能提高感受性,使思维清晰、情绪高涨、行动集中有力、反应及时准确,是学习、劳动、创造不可缺少的心理因素,离开注意力,学习、劳动、创造根本无法进行。特教班级常

见的现象有学生坐不住、东倒西歪,一点事情就分心,均属注意力不好的表现,这些现象严重阻碍干扰了教学。

2. 服从

指对指令的依从,对常规的遵循,即所谓"听教"。服从有几个基本的要求,首先,需集中注意力,否则,学生就不知道要服从什么。其次,服从需学生理解、明白要服从什么,要求怎样。再次,服从必须见诸行动。

3. 模仿

学习者对模仿对象(教师、同学、朋友等)进行观察、体悟后,在指引下依对象的动作、姿态、表情、语言、行为等为标准模拟、重复,称为模仿。人的学习起于模仿,模仿能力的高下影响着学习的效果。模仿需要注意,无注意不能进行模仿。模仿还有示范,示范可能是有意的,比如教师做下蹲的动作示范让学生模仿。示范也可能是无意的,比如:甲生将椅子放回原位,他并未叫乙生也要这样做,而乙生以甲生作为示范也将自己的椅子放回原位。

4. 三者之间的关系

专心、服从、模仿是学习行为的先决条件,要能服从和模仿必须专心。三项能力培养都需意志自我调控,需有感知、思维能力、记忆力等训练。

(二)注意力培养

1. 从学生兴趣出发

人们总是注意自己感兴趣的东西,教师应该有对学生兴趣的调查,《学生兴趣调查表》填写的目的,一是为找到行为增强系统中的增强物;二是为引发学生学习兴趣找准引发点。通过直接兴趣和活动本身提高注意力。如某生最感兴趣的是看儿童动画片,他看动画片时能集中注意 5 分钟,对他的注意训练就应从此开始:看电视 5 分钟未离位,能集中注意力,即给予表扬或其他奖励,强化这一行为;以后延长到 7 分钟、9 分钟。然后再渐进到学习活动。利用图片、图卡等有变化的教学,训练注意力,再过渡到减少图像、增加语言、动作、文字的教学来训练注意力。与此同时,还应培养学生多方面的兴趣。

2. 环境的递进

对注意力差的学生,训练开始时尽量在干扰少的环境中进行。比如,小空间,一对一,少口语,多动作、眼神。训练一段时间后,增加一些环境的小干扰。比如,小组活动中有其他同学、教师常常提出问题,然后再进入常态学习环境。

3. 不同感官的注意训练

特殊儿童的障碍各异,注意训练中要有侧重。盲生训练顺序是听觉—触摸觉—振动觉—嗅、味觉等。聋童则是视觉—振动觉—触摸觉—嗅、味觉训练。智力障碍儿童视听训练放在前面,以后是嗅觉、味觉、动觉等感官的训练。还要进行多种感官配合注意于一事物或活动的训练。

4. 掌握训练注意的方法

训练学生注意的方法较多。比如:目标明确的简单活动,"将桌上木珠放入一广口瓶中",走迷津,跟踪混乱线条,拼图,使用视听触教材,变化学习性质,动、静结合,大肌肉活动后进行思维活动强的思考训练等,因篇幅有限在此不一一列举。

5. 做事不马虎、不草率

培养学生专心负责完成一项活动,不草率,不应付的良好习惯。

6. 提高观察力

让学生遇事多看看、听听、摸摸、尝尝、想想,发现别人未曾发现的细节或情况,在观察当中培养训练注意力。

(三)模仿力训练

1. 模仿是儿童的天性,学习的起始

特殊儿童因存在缺陷,模仿训练应扬长避短。聋儿首先作视觉、动作、触摸等模仿;盲生应加强声音、触摸的模仿;智力障碍儿童听觉、视觉模仿训练可同步进行,最好动作与声音语言配合,模仿学习会快一些。比如:发妈—妈(mama)音时可夸大嘴型给学生看;又如示范踢腿弯腰时,可以一边口头指令弯腰、踢腿,一边做动作。训练模仿时还应根据学生实际,采用全协助抓住他的手,再加口头提示。或者半协助,即口语提示或

动作提示。

2.模仿训练应做示范

教师应该有多次重复的示范,以调动学生的注意力,并模仿示范动作或声音或程序等。模仿训练应从易到难排列,先教孩子模仿自己的身体动作,或模仿别人的身体动作。如举手、抬脚、拍手等,然后是声音模仿,最后是行为、表情模仿。学生模仿中应给学生的正确模仿以鼓励。比如:跟读课文,学生跟读较好,教师应立即肯定。示范者可以是教师、家长,更要鼓励同伴间的模仿学习,因为学生模仿同伴比较主动有效。要注意提供给学生正向的"范本"让学生模仿,因为不良的行为、习惯,学生同样是模仿而来的。

(四)服从训练

没有服从不可能学习,也不可能生活。服从训练应该看到以下方面。不服从的孩子常常要花掉家长、教师大量的时间和精力,这类学生往往希望得到更多的注意。对此,忽视他们不服从的行为,只在他服从时给予注意,可增加其服从行为。常给学生几种选择来防止不服从。比如:你可以现在就去睡觉,或者看完这段电视就去睡觉。事先告诉学生你要他做什么,能增强学生的服从行为。比如:过几分钟就要做清洁扫除了,再过一会儿就要上床睡觉了。这样,比中途打断学生活动收效更好。直接告诉他要做什么,比问他效果好。比如:"你现在就去睡觉好不好",他回答"好"或"不好"都不妥当,不如直接告知"现在你应该去睡觉了"。告诉学生做什么比告诉其不能做什么的收效大。对常常不服从的学生可以试着少给指示。当你就在他身边时,如果你叫了几次他都不去收拾书包,你可以拉着他的手一起收拾,然后赞扬强化这一行为。给孩子指示时不能距离太远。对孩子不服从行为的处理,教师每次态度均应一致。给出服从指令应在学生理解的范围内,必要时可以有示范性动作。比如:一边收拾书桌,一边让学生参与收拾。

第三节 班级的时间与空间管理

一、班级环境管理

(一)对特殊教育班级环境的思考

环境对于教育、对于人成长的作用是众所周知的。特殊教育认为,障碍对环境而言是功能状态,有相对性,可变化。如:某聋生在聋人群体中运用手语,可以通畅地交际交流,在聋人群体环境中他们无障碍;可走进一帮不懂手语的普通人中,沟通的障碍便产生了。而一位所谓"正常人"在普通人群中不存在沟通障碍,但当他在不会手语的情况下进入聋人群体,沟通障碍便出现了。

当我们从总体上沿着障碍的"相对论""动态化"的思路考虑问题时,在班级环境建设中我们会寻求以下路径。

1. 一条让特殊儿童适应环境之路

一个特殊儿童要想融入社会生活当中,教育教学就应该针对学生看、听、说等缺陷与不足,进行有效训练,因而有补偿式教学的说法。补偿的方式,有的是运用缺陷感官的残余能力,这是就短补短的方法。还有用健康感官补缺陷感官,即取长补短之法。两法均基于特殊儿童自身有潜在能力可以发掘,意在让儿童适应环境。大量的此类教育促进了学生自我能力的成长,成为特教的一条常用路径。此理无可厚非,但在执行中要避免遭遇教育困境时,将抱怨集中在学生的缺陷、障碍、不会、不能上,教与学成为放大学生缺陷的工具。恶补缺陷,在造成学不会、不会学的学生的同时,更令人担心的是造成不会教,缺乏自我修正与调整力的教师。

2. 一条让环境支持学生之路

当我们看到特殊儿童群体的困难和障碍时,我们会发现,障碍并非特殊儿童的专利,用同理心观之,特殊儿童对环境的不适应一如环境对特殊儿童的不适应。障碍产生是儿童、环境双方的关系问题。特殊儿童的缺陷是一种状态,缺陷不等于障碍,障碍的原因主要在环境。当我们要求特殊儿童自立自强时,万不可推卸环境的责任,无障碍的环境有利于特殊儿童成长,反之亦然。当我们走出将特殊教育教学强制性锁定在适应环境的单一目标时,特殊教育就有了从环境建设着手的自我审视视角。今天,特殊教育提出的支持与服务,从最少受限制环境、无障碍环境,引出成功的环境、生态成长环境等,代表了特教环境的探索以及又一条特殊教育教学、班级管理之路的开通。

在特殊儿童与环境共同改变与调整中,强调环境建设的特殊教育教学之路。特殊教育教学着眼点在促进特殊儿童的成长,而特殊儿童的成长从一个角度看是儿童自我的发展,但重要的原因却是环境。特殊儿童的教育教学会从优化教育教学环境切入,强调环境建设。环境与特殊儿童双方消除彼此的不适应,共同携手,挑战障碍,超越障碍。

(二)无障碍环境建设

无障碍环境建设强调尽量接近正常化的最少受限制的教育环境,从寄宿学校、特殊教育学校到普通课堂,逐渐趋于正常化的教育环境。适应能力及环境因学生的个别化教育而需求不一,根据我国具体情况,已发展了多种安置形式。家长、学生可根据实际情况选择适合儿童发展的安置形式。

(三)无障碍支持性班级环境建设

1. 无障碍环境的基本要素

(1)安全、卫生、保证健康

特殊儿童教育教学环境的第一要求是安全卫生,因特殊儿童已经有第一次伤害,且受第二次伤害的可能性比一般儿童大,因而应有相应的防范措施。如:在生活学习环境加防护网,注意环境污染(大气、噪声、水、光、食物等),有必要的医疗、康复服务,保证基本的营养卫生,开展体育锻炼,保证良好的社会治安。

(2)加快无障碍设施设备的环境建设、辅助技术的运用与服务

支持性无障碍环境为身心障碍者提供支持的设施和相关服务,包括

辅助技术设施和辅助技术服务。力图达到学习无障碍、生活无障碍、工作无障碍、信息沟通无障碍。特殊教育班级会用到感官辅具、行动及摆位辅具、辅助沟通系统等与生活、学习、休闲娱乐相关的辅具。无障碍设施设备科技辅具的运用与服务，为特殊儿童带来帮助和参与的可能，也带来希望和自信。

(3)相对的自由、理解、接纳，有爱与归属感的环境

特殊儿童适宜的是较为自由、接近自然、少恶性竞争与压力、理解、接纳、关心、公正、平等、和睦，有热情、可信赖、负责任、满足爱与被爱、自尊参与等需求，能产生归属感的环境。

(4)提供个别化教育支持服务有成功感的环境

一个有支持协助，提供以生活为核心的个别化教育服务，合作互助、能让特殊儿童充分发挥自我潜能，并能给予成功或成功感的环境，对特殊儿童较为适宜。因特殊儿童经历生活中的挫折失败较一般儿童多，成功环境对其成长弥足珍贵。

(5)融合的环境

融合教育已成为时代强音。发达国家将特殊儿童与普通儿童在共同空间、时间中能公正、公平参与生活，人人享受教育，不让一个孩子掉队，让每个孩子成功等作为教育的理想与追求。我国随班就读的开展，资源教室的建立，均是向融合教育迈步的有力举措。

(6)让特殊儿童选择、令家庭满意的环境

融合教育是教育之大趋势，是我们的理想和追求，但融合是有条件的，需接纳的学校、班级有生理、心理、环境的创设与准备。环境的好与差、适合与否，不能只是我们一厢情愿，关键在于置身于其中的特殊儿童及家庭是否能选择、自我决定，是否满意、是否安全、是否高兴、是否觉得协调、是否愿意进入。

2.教育教学支持系统

教育教学支持系统指为特殊儿童健康成长达成教学目的而提供的协助与服务。

3.提供给特殊需求儿童的无障碍环境及专业服务

(1)支持服务门类

可依障碍类别分,如:视、听、肢体障碍,智能障碍,学习障碍、情绪行为障碍、语言障碍。也可按学前、学龄、职业教育等学习阶段来分。

(2)服务支持项目

依不同的障碍类别而有不同项目:针对视障生的咨询方式提供有关视障知识与支持;针对听障生的支持;针对发展性障碍儿童的支持;针对肢体障碍学生的支持。

(四)生态化可持续发展班级环境建设

生态化可持续发展教育教学环境着重谈生态教学环境建设的特点。

1.顺应生命、生活的自然性与基本规律

强调教学环境,尊重学生兴趣、学习风格与速度及学习目标,因势利导。尊重教学基本原则,何处用就何处教,提倡教学、生活用品节俭与回收、利用,同时遵循自然时间。

2.追求真、善、美

从教学内容、形式、目的,到教学活动及教学环境均有此要求。

3.有智慧、能创造、善协调,与家庭和社区生活广泛联系

能够发现问题,善于解决问题;具规划与策划力,且有推动与运作能力;不满足教育教学现状,能不断创造;可以坚持,也能因时因地因事而修正、调整;有灵活性,让人看到创新与变化;且能建立广泛社会联系,能整合社会资源为教育教学发展服务;教学走出封闭课堂、隔离学校,融入学生家庭生活及广泛社区、社会生活。

4.具丰富性

生态化的教学环境是,丰富多彩,扎根于生活沃土;一改死板单调的静态教室,引入生活里的故事、事件、场景、人、事、物;教学内容多样,教学形式多元,教学环境变化;师生共同讨论,有真实场景,也可模拟、创造;激励人参与,推动人思考,令人感动、激动。复杂与丰富促成了教学的充实与活动,学生置身于其中快乐而成功。

5.有支持、有持续的成长

生态教学环境是动态的。给师生以强有力的相互支持与帮助,是该环境的一大特点。它同时又是不断变化,常用常新,且通过无数相互联结的教学活动,通过一日、一月、一学期,形成教学体系,而有教学的持续成长。教学活动被师生、生活不断创新,而成就学生、教师的持续成长。

6.注重环境细节建设

对环境细节的关注,建立在生态环境整体建设的基础上,生态化环境建设对环境细节的表达,实则是对生活本身的理解与热爱,是生态教育与教学理念的具化。例如:班级墙壁作业张贴,以学生视线齐平为准;呈现出的不是教师作品展而是学生自己动手所作或由学生做主策划,虽然不算太美,但真实可信。洗手槽边的洗手液、肥皂、擦手巾,从不短缺;温馨提示图文并用,在教室、学校比比皆是;绿草、红花由学生管理,生态环境建设让墙壁说话,令一草一木含情。学校、教室有明确的功能领域,如:沙坑、玩具区,植物种植区,图书阅读区,可供学生选择,各区域有教师指导。

7.和谐中的温馨与快乐

和谐是生态教学环境建设的追求,教师不再是权威,学生不再是被动听讲者,师生在共同协商、讨论当中建构知识。在教师协助下,学生能主动创作。在朴实、美丽的环境中,师生对物珍惜,对人友善,互帮互助。这里歌不断、剧上演,笑语欢声,学校课堂、班级不是恶性竞争的战场,而是和谐、温馨的家园。

(五)生态化教育教学环境运作实例

1.依自然时间表安排一日教育教学活动

由于一日活动在时间的安排利用上注意适应性的发挥,学生学到了许多日常生活必备的知识与技能。此外,学生早晨到校后参加全校升旗仪式,各班每日晨歌要坚持好,由学生自己组织、指挥,培养了学生独立工作能力,表达了班集体的凝聚力。

2.对8小时以外的家庭社区生活的关照

重庆长寿双龙中心学校农村校辅读班为了提高学生居家生活质量,

发展居家及社区活动能力,关照学生8小时学校生活以外的生活与学习,特别建立了"学生社会活动记录"。

具体做法是:每天学生到校必须向教师讲述昨天在家的劳动与业余活动,教师将其记录下来,并借朝会或班会作评议。建立"学生社会活动记录",目的在于促进学生在居家、社区环境中的参与性与主动性,引导居家生活的良性品质发展,将对学生的教育延伸到家中。因为学生有得到教师肯定与表扬的需求,为了获得赞扬,每天回家便自觉地找些事情干,否则第二天到校在同学中没有面子,无法向教师交代。教师的肯定与表扬增强了学生进行"社会活动"的欲望和兴趣。日久天长,学生的社会活动更趋主动。比如,农忙假完后返校第一天,让学生谈自己的活动。

3. 对毕业学生职业和生活的关照

某农村辅读班学生毕业以后,教师进行了追踪辅导工作,还对毕业生进行了调查,有学生进入砖厂、打米厂工作,也有在家协助家人管理鱼塘的,还有外出打工并结婚安家的。在以上示范学校的生态化班级管理中,我们看到和谐的班级环境,协调的师生、生生关系,家庭社区广泛联系,既生机勃勃又其乐融融。

二、班级的时间及空间管理

(一)班级时空管理的意义

班级的所有活动,所有人、事、物均依赖一定的时间、空间,离开时空就无法谈及班级的管理问题。空间、时间又与活动对应,是环境的重要组成部分。时空管理与环境管理有诸多重叠,此处更强调时空的顺序与教育教学事件,以及与生活活动的关系。

时空是我们考虑任何事情的基准线,我们只有以时空为基准才可能感知对象。对人来说,时空是物理量,我们生活在物理的时空当中。与此同时,同一物理空间对同一人可能有不同的感受,而不同的空间,比如大小、宽窄、布置的变化又可能引起人心理的变化。由于人身心状态的不同对时空的感知可能有很大的不同,所以时空又是一个心理量。

班级管理应从时空的物理性与心理效应上思考，即为特殊儿童创造适合于他们生理、心理发展的空间。我们还应认识到时空是生命意识对外界认识的基准，时空可以与我们的生命意识融为一体，从而将对时空的认识、理解、利用、调控纳入特殊教育班级管理的内容当中。

(二)班级时空管理的原则

1.安全、无障碍

对安全的强调在班级管理总原则、班级管理环境中已经谈及。此处再次提及，足见问题的重要。

班级空间安全管理由于空间环境不同有各自不同的特点各有要求，比如，教室内、走道、操场、寝室、餐厅、器械室、康复室、律动室等要求均不相同。

班级时间安全管理也如此，除每一个时段均应有安全意识外，还应加强安全事故高发时段的人员配置及措施。比如：上下午学生来校还未上课时，早、中、晚三餐饭后，一堂课与另一堂课、一个活动与另一个活动的转换时，均应特别注意。

特殊教育环境安全要求在无障碍环境设置中已有论及，此处不再赘述。

2.符合卫生标准，干净、整洁

班级空间要符合卫生标准。比如，教室门窗的朝向、面积、采光、空气流通，课桌椅的高低、照明等，应按卫生标准设置。这些条件往往在教师执教前已由学校统一安排决定，已成既定事实，教师在空间管理时可以对其中不合理的地方向校方或有关职能部门提出，并可在自己力所能及的方面予以改进，按卫生标准使用，调度空间。

班级空间强调干净、整洁，即所谓"窗明几净"。洁净的空间有利于学生、教师的身体健康，更给人以心理的愉悦与安定感，并给人启示，教人自尊、自信、自制。洁净的班级空间本身代表了带班教师的作风、能力、精神面貌，也是班集体良好风气的体现。洁净的班级空间应列为班级管理评议的第一指标，该指标若未达成，其余诸多指标均不必评议。一屋不扫，何以扫天下？连干净整洁空间都无法维系的班级还谈什么班级管理？

3.少隔离

特殊儿童的生活学习从空间上要求与正常儿童、正常儿童班级有更多地接近和融合。

特殊学校校址应选择与社区、普通学校能进行友好交往的地方。特殊教育班级应与正常儿童班级毗邻以增加相互交往的机会。有的活动,如体育、文娱、休闲、户外活动,特殊儿童与正常儿童可同时同地进行,或至少采用部分学习与正常儿童共同进行或进入融合教育校班,因为融合教育已成为特殊教育发展的趋势。

4.充分发挥功能性

充分发挥空间的功能性意味着,为了教育教学的顺利展开,已经规划的空间,要让其功能特性发挥得淋漓尽致。比如模拟家庭生活空间,目的是让学生产生亲近感,有日常家庭生活的体验,并培训学生收拾、整理、布置房间的技能技巧。在这样的空间,教师可从房间的桌、椅、床的摆放、室内物品的购置到室内装饰设计等,均精巧构思,达到较好的家庭生活空间模拟目的。

发挥空间的功能性还有一层含义是,让同一空间能具有多种功能,特别是针对我国的具体情况,一个特殊教育班级不可能拥有大空间,教师要将三十多平方米的教室空间利用起来,在这里完成语文、数学、音乐、美术、劳技等多学科教学并承担班级活动。空间的多功能发挥需教师灵活调度与安排。

5.培养学生的时空管理能力

进行班级时空管理的同时,还应关注对学生时空管理能力的培养。教导学生正确利用教室、图书室、音乐室、体能活动室、餐厅、卫生间、寝室等,学会规划空间、美化空间、保护空间,并学习时间概念,培养按顺序办事,遵守时间、爱惜时间、抓紧时间、合理安排调度时间,这对学生形成良好生活工作习惯、适应社会大有裨益。

(三)班级空间管理

1. 教室空间管理

(1)教室

教室是学生学习生活的主场所,这是师生共用的空间,特指室内空间。在这个空间里的主要人物是教师和学生,主要物品包括门窗、黑板、课桌椅等基本设施,在这里要进行教育教学活动最主要、最重要的部分。教室可根据功能不同,分音乐、美术、律动、语音、电脑等各类教室,在此只对一般进行教学活动的普通教室空间管理做介绍。

(2)教室空间规划

第一,教室空间规划的基本要求。

①功能性。教室空间在规划时要考虑如何发挥教室的功能,每寸空间必须充分利用。还要有专门职能的空间规划,如教学空间、教学资源空间等,要为教育教学提供基本保证,这是对教室空间规划的起码要求。各班级要根据自己教室空间的大小、人数的多寡(特教班在8~12人)实地规划。一般先考虑教学,再活动,然后教学资源。空间越大可供规划的内容越多,若条件许可,除起码的空间规划外,还可以扩大个别补救空间,专设图书、游戏等空间。

②灵活性。教室空间的规划,利用时需灵活掌握,要在有限的空间里做文章,发挥其多项功能。在空间分隔上不宜固定住,要能及时、方便、快速地组合空间。比如:学习与活动空间只作功能上的区分,不必用墙板封隔,这样两个空间可分可合。又比如:在教师工作区前,设一桌作为补救教学用时,为教学的方便,有时需将这一空间与全班学生隔开,利用折叠式屏风或硬泡沫塑料板等轻物作暂时分隔,教学完后个别补救空间变成了教师工作区。

③有变化。教室空间规划可有多种模式,不能永远不变。学生每节课、每月、每学期都在无变化的教室中学习,久而久之必然生厌,且易出现惰性。如果在进行一些教学活动时,将课桌椅放到教室两侧,在室内铺上地板胶或垫子,大家席地而坐,听教师讲课,同学互动,教学效果会更好。

依学生不同需求安排空间,将注意力最集中的学生安排在前排,注意力较好的安排在四周,中等注意力学生安排在中间座位,便于教师教学管理。

第二,教室空间分隔。教室空间分隔依常规可以分学习区、活动区、资源区、教师工作区。

①学生需求空间:可以独处,也可与另一位同学一起,还可以小组、团体;多元空间;纸板、书架(柜)等可以作空间分隔;学生认的字可贴在墙上;学习区一般为学生静态教学活动空间,放置课桌椅。

②教师工作区。广义看有黑板、讲台、电脑等教学设备放置空间,狭义指讲台旁边由一桌一椅组成的,在学生作业、自习、休闲时供教师处理班级事务的空间。在教师桌前再加一张桌子或只加一把椅子便可兼作个别补救教学空间。

③活动区。与学习区并无截然分别,举行一些小型活动或较为动态的教学或学生休闲的场所。

④资源区。较全面地说,教室里的物,比如桌、椅、讲台、电脑、投影仪、琴、图书、资料等均可称为教学资源。这里讲到的资源区主要指一些教具、教材、资料的放置地,常设在教室后部两侧墙边,由柜架组成。封闭柜架里放置教具、资料、课堂记录等,开架上常放置图书、简单运动或游戏物品,如绳、乒乓球、棋,还放置学生的饮水具或餐具等。

第三,教室课桌椅的摆设。

①常规安排。最常见的安排是:课桌椅面对黑板平行条式摆放,便于所有学生均在教师视力范围内,每位学生均能看到黑板与教师,都能听到教师的声音。

②变式。为使学生有成就感或为满足教学活动需要,课桌椅的摆设应有变式。

半圆式:便于教师指导每个学生,师生之间更具亲近感,增加学生间的交流。

圆圈式:学生能互相看到,适用于学生为主的活动,如:班会发言、问题抢答、团体娱乐等。

相对式:两桌相对,一对一、面对面增加二人之间的互动。有利于相互学习、模仿,适宜操作性强的桌上活动。

小组式:将课桌椅分为组块,便于教师做小组指导。适用于操作性强的活动,需在学生可相互交流的桌上进行。如:手工制作、绘画及习字等。

总之,课桌椅的摆设方式很多,教师在教学中可视具体情况灵活运用。

(3)教室空间布置

第一,教室布置所指。教室布置主要指师生利用教室空间(如墙壁、房角、框架、灯具等)的装饰点缀而创设适合学生心理及教学活动的环境。

第二,教室空间布置的要求。

①满足教学活动需求。教室空间布置,首先应考虑教学活动的需要,可以根据教学主题布置空间。教学活动要想顺利展开,学生注意力是必要的因素,因此教室空间在布置时要利用有效刺激物引起学生注意。比如教学生了解各季服装,教室里可用一角布置不同季节服装,供学生辨识。

②满足班级管理需求。班级管理中的某些环节,可利用教室空间的布置完成。比如:教室常规、奖励情况、评比结果均可贴在墙上,教室设置挂钟等。

③适合学生年龄特征、心理特征。教室空间布置应从学生年龄及心理特征出发,比如:低年级的教室可以鲜亮、活泼些,配上具体的动植物(如:小猫、小狗、鱼、水果、树、蔬菜等)或简单的人物(弟弟、妹妹、阿姨、叔叔、爷爷、妈妈等)图片;中年级教室则在活泼中见丰富,多些情节,增加文字、符号的表达;高年级教室趋向简洁、大方、不排除具体图画形象,同时有图案、线条等搭配,在淡淡的含蓄中达意,用简明浅近的格言、诗句,提醒学生对自我的省思。如果在高年级教室里还都是拔萝卜、熊猫推车等图画就显得很不适宜了。

④美观。教室布置目的之一就是为了美化学习环境。特殊儿童同样有美的需求、美的感受、美的表达。赏心悦目的教室布置或使人激动,或

令人陶醉或给人宁静,让学生有一个良好的心情。学生在布置教室时自身又经历着表现美、体验美的过程,是对学生进行美的教育。

⑤有变化。教室布置与空间规划一样要求变化。教学活动和教室管理内容不同,教室布置应该随之改变,学生年龄增长,心理发展,教室布置要顺应需要,季节变化、节令更换,教室阳台可与之协调。有变化的教室布置会让学生产生探究的愿望,增加吸引力。

⑥节俭。教室布置不可铺张,合理利用常用物品或废旧物品,既可培养师生节俭习惯,又能启发思维及强化动手能力,也适合我国大多数特殊教育班级的实际。

⑦学生动手。布置教室尽量让学生自己动手,让他们亲自参与,增加主动性。

第三,如何进行教室空间的布置。在把握了教室空间的基本要求以后,就应着手布置了。布置空间的一些问题在前面"空间布置要求"中已提及,这里再介绍一些步骤与方法。

①掌握班级实际情况。班级的实际包括前面谈到的学生年龄、身心特点。盲生与聋童或智力障碍儿童,身心特点都有差异,盲生教室布置应该多是通过触摸觉而感知,聋童则多通过视觉,智力障碍儿童通过视、听觉较多,这是教学活动与班级管理的要求等。

②决定教室布置的项目。教师根据掌握的班级实际,决定教室布置有哪些项目,如设评比栏、学习园地、名言警句、清洁值日安排、公布常规、课程表、今日日期、天气、绿色植物等项目。

③确定各项目的表现形式及内容。确定各项目后,教师要考虑各项目的表现形式及内容。比如:哪几条条款拟出以后,以依序排列的形式,张贴到墙上。又比如:按电视台的天气预报图,将各种天气图示分布成圆盘,圆盘中心做一指针,针尖指向当日的天气。

④决定各项目的空间位置。教室布置项目较多,各自占据哪一处空间应做合理的安排。一般说来,教室后面墙壁以活泼、亮丽为基调,可做学生的作品展示区、学习园地。教室两侧以清爽、淡雅为基调,宜张贴名

言警句、儿歌、常用的礼貌语等,可配小插图,但点缀物不宜过多。正面黑板以庄重、朴实为基调,除作息(课程)表外,不宜再有装饰,以免分散学生上课的注意力。

⑤确定教室布置的总体格调。教室是一个整体空间,虽然布置的项目、内容各异,各面墙壁又因功能差别而有不同的基调和不同的项目分布,但这些都应与教室的总格调吻合。比如:学前班教室要突出愉快、健康的主题,教室布置时多选用暖色调、多色彩,给人以丰富、缤纷的感觉;夏天教室布置要突出宁静,主题色彩选用以冷色为主,但又不单调,让人感到雅致,有想象的余地。不按教室的总格调布置教室会使人有凌乱、繁杂之感,身临其中总有格格不入、难以融进的遗憾。

⑥准备物品布置教室。有了前面的思考与抉择,便需购置或制作布置教室所需物品。以窗帘为例来说明,教室窗帘占据教室墙面相当大的空间,因此窗帘的选用很重要。墙面的各种装饰、表格等,用纸(一般白纸、色纸、皱纹纸、吹塑纸、年历画等)手绘,张贴于墙上。还可做布贴、草编、挂件等饰物,并可利用废弃物如塑料瓶、易拉罐、年历等美化教室。如果条件许可,教室布置最好有绿色植物点缀,窗台上放置几盆花草,既培养学生的劳动习惯,又美化了教室的环境。

2. 教室外的空间管理

(1)教室外空间所指

教室外空间很多,室外走道、操场、厕所、餐厅,甚至社区、家庭等均属教室外空间,这里着重谈与班级空间管理最密切相关的教室外的通道管理。

教室外通道是学生上下课、进出教室的必经之路,又是学生课余休闲、娱乐的场地,这里面积较为狭窄,人员交汇较多。

(2)教师对教室外空间的利用与管理

①利用。

第一,教师可利用教室外通道展示学生的作品,如绘画、写字。

第二,将通道部分墙壁刷成黑板,让学生在上面自由涂鸦,或钉上白纸,学生可在此自由发挥。

第三,走道侧边栏杆台上可放置花草,增加生气与活力,但要注意花盆的安全放置。如条件许可,走道墙角设水龙头,便于洗手及清洁扫除,并备垃圾桶。

第四,走道可作为训练交通规则的场地。

②管理。

第一,教室外通道应在适当位置设置灭火装置,以防万一。

第二,走道尽量不要放置障碍物,运动器械、玩具等也不要堆放于此。

第三,走道可画出中分线,在进出教室或人多时作为交通规则标识线。

3.时间管理

时间管理主要针对教育教学活动的安排进行,时间管理离不开空间管理。时空管理的意义前面已谈到,以下着重谈如何进行时间管理。

(1)拟订教育教学各时间段的计划

拟订各时段计划是时间管理的措施,班级管理中要拟订六年或九年的教育教学计划,并且要做一学期、一学年的各类计划,往下应有一月一周一日安排。

(2)严格执行一日作息安排

一日作息对一天的时间有周密的排定,每个时段的活动内容均要落实。教师按一日作息执行一日教学计划,这样,一日时间管理才可望成功。

(3)教师要做时间管理的表率

教师本人高效、高质量地工作,严格遵守时间、守时守约,处理事情、说话有条不紊,有步骤按序完成活动不拖沓,这样做好表率,才能带领学生做好班级时间管理。

(4)教导、培养学生时空管理能力

①形成时空概念。

特殊学生需要有时间的基本概念。可在教室设挂钟,每天均有今天星期几、几月几日的练习,还可做对前一天日期的回忆,对后一天日期的推想;活动前讲明活动顺序、活动后回忆活动顺序;训练学生等待能力,强化一日作息的坚决执行等。

②培养良好习惯。

第一,快速、高质。当学生会做某项活动后,要有速度的要求。比如看谁做得既快又好,限定时间做作业等。

第二,依序完成活动。日常生活中有意识地对某些活动拟出完成顺序,如:早上起床顺序,按计划的顺序训练,还可设计出培养学生顺序感的特别活动。

第三,训练注意分配能力。在训练出学生一些技能技巧以后,再要求同时从事一项较为不熟练的活动,达到能同时做好两件或两件以上的事。

第四,守时训练。要求学生上课和参加活动等不迟到、不早退,并设计守时训练的专门活动。

第五,让学生自己拟订时间管理计划,实施活动。比如:暑假一日生活计划,明确要求学生按时段拟订。可让学生自己组织活动,规定活动总时间。如:六一儿童节庆祝活动共60分钟,规划其中各种小节目或游戏各占多长时间、顺序怎样排定。活动中督促检查学生是否按时间安排进行,对其间拖沓、延时、衔接欠佳等应予以纠正,对时间把握、利用得好的应予肯定和表扬。同时,要养成学生日常生活学习活动前作时间安排和计划的习惯,在活动前能将活动时间及内容安排告知参与者并形成文字,然后张贴便于执行,活动中严格按计划执行。

第六,今日事,今日毕。当天的事情当天做完。如:当日的功课、当日的劳动,能今天完成的事绝不拖到明天。让学生形成良好的生活习惯。说了的话,能够当时处理的即刻处理,不要养成"看看再说""明天再做"的拖延习惯。

第七,口语、书面语等力求干净、简洁,形成说短话、写短文章的好作风。

第四节　学生的精神文化及身心道德建设

"礼"是指由一定社会的道德观念与风俗习惯形成的,全体成员所共同遵守的礼节。"仪"则是指人的容貌、举止。

"礼仪"是"礼貌和礼节的仪式"的总称,是对他人表示尊敬、祝颂、哀悼之类而特意举行的仪式。礼仪是一个人、一个国家,甚至是一个民族的文化修养和道德修养的外在表现形式。

中华民族素有"礼仪之邦"的美誉,自古以来就非常崇尚礼仪,也十分重视对人的礼仪教育,自古拥有重视青少年礼仪教育的优良传统。孔子曾经这样说过:"不学礼,无以立。"礼仪是一个人做人的基本要求,也是一个人生存、交往的基础。一个人要有所成就,就必须从学礼开始。

礼仪教育是礼仪与教育的结合体。通过礼仪教育,可以让学生塑造出良好的个人形象,养成得体的言谈举止,掌握各种社交礼仪规范,进而培养起学生的规则意识、责任意识和道德感,引导他们树立正确的审美观和形成完善的人际交往能力,做到"诚于中而行于外,慧于心而秀于言"。

因此,礼仪教育对培养文明有礼、高素质的人才有着十分重要的意义。学校作为教育的主要阵地,重视礼仪教育,尤其是学校礼仪教育,有着十分重要的现实意义。

都江堰特殊教育学校开展文明礼仪教育活动已经有一段较长的时间了,在对学生的礼仪教育开展上,学校注重把班级经营作为礼仪教育的一条重要途径,注重利用"班级经营"这一方法。

所谓"班级经营"就是礼仪教育,是全班学生在班主任的引导和点拨之下共同学习,由学生自己教育自己,自己管理自己,从而达到提高塑造学生文明举止,提升学生文明程度的目的。

班级经营主要是以小组为单位进行的,通过小组经营进行礼仪教育的主要做法是:

在组建小组的过程中学礼仪。对于初次开小组会的同学,老师简单

特殊教育班级管理与教学研究

介绍小组会的流程：摆好桌椅—小组同学围坐一起，推举一位临时的主持人—提出小组讨论的内容（如每个人提一条自己能做到的开好小组会的建议）—主持人宣布开始讨论—组员依次发言—补充其他同学的内容—讨论结束后，老师指导讨论过程中同学文明礼貌行为内容—主持人继续主持，组员继续进行讨论。

其中小组经营进行礼仪教育的侧重点不是讨论内容是否切题，而是着重评议这一小组的学生讨论时的行为和说话辞令的文明礼貌。包括礼仪的行为和语言，如不听别人发言，坐姿、说话的姿势不雅观等是教师主要关注的。

通过小组经营的内容有：

制订和执行个人计划。学生自己有个计划，自己学会做到自律。最初做的计划将和自己的生活计划、生活安排结合在一起，能让学生有效地完成。

学生自己根据自己的情况制定简单的生活作息安排，如早上几点钟起床，几点上课，几点回家，几点钟就寝，并自己执行。在订好作息安排后，教师就要求学生学习在每个计划中要遵守的礼仪规范，如起床后向家长说"早上好"，睡觉前和长辈说"晚安"等。

学会有规律的生活作息安排是学生学会生活的第一步，学会对长辈的礼仪，学会人际交往礼仪是学会做人的第一步，而学会生活与学会做人归根结底就是一回事。作为自我教育的个人安排和计划，教师将礼仪要求和学生有机结合。

在引导学生学会自律的过程中，班主任总会遇到教师怎样面对全班不同孩子的不同计划和执行的问题，这时就能够通过小组之间组员的互动，用小组群体来协助和推动每个个体，解决个体教育的差别问题。

而通过以班级经营的方式进行礼仪教育实践中取得的一些成效，班主任老师还可以通过各种活动和阵地来进行检验和展示。

在聋儿部三年级一班，每周五的晨会课都会把时间留给学生，进行小组经营。在经营活动中，评选"诚信之星""礼仪之花"，并且根据组员本周的综合情况,评选出下周的小组长。

在小组经营中,学生正在学习倾听和讨论。从一开始讨论问题时那种互不相让的争吵,到现在已经学着摆事实讲道理,并且能听取不同的意见,学生的合作能力得到了锻炼。同时,经常性的小组评价,使班级经营处于一种比较民主的氛围中。学生已经具有了自我评价和相互评价的意识与能力,这为将来的经营打下了很好的基础。

班主任是班级礼仪形象大使,和孩子们共同经营班级,更应对改善班级师生关系作出表率。班主任与学生的关系,又最集中地体现在对班级学生的日常管理上。班主任要体现对班级每一个学生的尊重和礼仪,班主任的一颦一笑,一言一行,都在潜移默化中影响着学生。教师无小节,班主任不仅是学生知识的传授者,更应该做学生的礼仪楷模。

通过班级经营的方式进行礼仪教育取得了良好的效果,聋儿张采花在日记中写道:

最近爷爷、奶奶老是夸我懂事了。一天,晚饭过后,爷爷夸我现在懂得用餐礼仪了,像个小淑女。爸爸、妈妈、奶奶也都点头表示同意,听着大人们的表扬,我心里甭提有多高兴了。

自从我学了礼仪课后,我的变化可大啦。饭前记得洗手了,吃饭时不再边讲边吃了,也不浪费一粒粮食了。这些礼仪知识让我学会了如何爱人、敬人了。现在,我是个懂礼貌的孩子,正因为逐渐学会了爱人、敬人,我也越来越被人爱、被人敬了。当我遇到困难时,很多小朋友都愿意来帮我,真的让我感到非常高兴。

对于特殊教育学校的孩子来说,一生成长过程中最关键、最重要的阶段都在学校,因此,学校礼仪教育在特校学生的礼仪教育实施体系中是处于主导地位的。

学校礼仪教育是个人礼仪素质形成的主要基地,从某种意义上讲,学校的礼仪教育效果甚至决定着个人的文明程度,学校的礼仪教育是任何其他的教育形式都不可相比的。而在如何有效开展学校礼仪教育上,方法有很多,只要行之有效的方法就是好的方法,在学校的礼仪教育中,有三种方法特别行之有效：

(1)榜样示范法。教育者通过典型示范,用正面人物的模范行为来影响受教育者礼仪行为的方法称为榜样示范法。

俗话说"榜样的力量是无穷的",榜样作为学生学习的对象,无论好坏,对学生的行为影响都很大。学生通过观察榜样在一定情景中的行为及其结果,不需要直接强化,往往就会学得类似的行为。

榜样示范是学校礼仪道德教育中一种重要的教育手段,它有两大优势:一,特校的孩子正处于喜欢模仿,善于模仿的阶段,榜样示范符合特校孩子的年龄特点;二,榜样是礼仪行为规范的具体化、形象化,因为看得见,所以富有感染力,容易让学生体会,产生效仿的驱动力。

在学校礼仪道德教育中,教师和家长是学生的直接示范者。学生通过观察教师和家长的礼仪行为,从而模仿他们的行为方式。因此,作为教育者要特别注意自己在学生面前的行为。洛克曾经说过:"后生是可畏的。你不愿他去仿效的事情,你自己便绝不能在他的面前做。倘若某件事情,你认为他做了是一件过错,你自己却不当心做了,那么他便一定会以你的榜样为护身符,那时你再想用正当的方法去改正他的错误就不容易了。"

(2)冶情优教法。即在礼仪教育中,教师运用冶情原则,积极创设条件让学生在了解礼仪知识的基础上,通过学习过程陶冶了情操,进而自觉生成礼仪智慧和行为。

学生学习方式的本质是体验,是自我建构。只要有利于学生的认知和情感体验,有利于学生的自我建构,任何一种教学方式都可以尝试。

第一,故事冶情。在一次礼仪教育课上,一个教师就采用了这种方法。在课程刚开始时,教师先声情并茂地向学生讲述了一个发人深省的故事:一个男孩用良好的礼仪,打败其他几百名竞争对手,获得了一份满意的工作。

听完故事以后,学生们都不说话,正沉浸在故事中思考。当教师提出这节课的主题"我要做一个什么样的人"时,学生都神情激动地抢着回答:

"我要做一个有礼仪的人!""我要做一个有教养的人!"课堂气氛热烈,学生积极投入,达到了良好的教学效果,课堂充满了生命的活力。

第二,音乐冶情。中国古代通常礼教、乐教并列进行,并认为有互补作用。"乐治人之性情,礼治人之筋骨。性情条畅,则筋骨舒和,故乐可兼礼。若筋骨束缚,而性情不治,譬犹衣猿猱以周公之服也。鼓励不可兼乐。"

"乐"是自内而外地改变人,因此能陶冶性情,使内心愉悦,外在的行为也随之舒泰安详,彬彬有礼。反之,单纯的外在行为约束,只能让人痛苦不安,所以单单外表的礼是不能表现内在性情的,所以礼乐一定要一同进行。

西方也流行过一则家喻户晓的故事:一天,一对音乐家夫妻为琐事争吵,双方争得面红耳赤,谁也不肯礼让。妻子想排解郁闷心情,就坐在钢琴前奏曲,奏着奏着,情绪就安定下来了,优美的乐曲吸引了丈夫的耳朵,在她奏了一会儿之后,丈夫也坐到钢琴边。在乐曲中,两人拥抱起来,刚才的怒气一扫而光。

可见,乐曲尤其是古典音乐的一些曲目真的具有潜入心灵,治愈人心,陶冶性情,对提升礼仪行为的境界有重要的作用。如中国的古曲《春江花月夜》琵琶曲,阿炳演奏的《二泉映月》二胡曲,德国贝多芬的《月光奏鸣曲》和奥地利舒伯特的《摇篮曲》等都是不错的治愈音乐。

(3)自我教育法。自我教育法是最好的方法,也是最行之有效的方法。但自我教育法并不能脱离了学校和教师,让学生自己去"教育"自己,而是指学校和教师有计划、有引导地启发学生自觉、发挥学生主动,在此基础上开展学生之间相互教育和学生自身接受教育。

自我教育有两层含义:一,学生个体通过思维活动促使自己反省、进步;二,学生群体之间的相互教育。

教师引领学生自我教育有一个前提,就是学生必须知道自己应该怎么做,打算怎么做,然后照着自己的打算去做。教师要尊重每一个学生的自主选择,发挥学生的主体作用。

特殊教育班级管理与教学研究

礼仪教育是要培养每个学生成为高尚的人。而礼仪教育要转化成学生的礼仪行为,其中有一个不可遗漏的"中介",就是学生需要通过自己的思考,制订出自己愿意做到的规划,然后照着去做,做到或做不到,再修订或再重来,如此不断往复,这是一个教育的过程,也是"修炼"的过程。古往今来,道德、人格的培养都要经过这一过程,只有经过这一过程才能达到自律与自控。

对于特校的孩子们来讲,自我教育的要求需要放低,但是教师必须时刻记住教育的最终目的是使学生真正地独立自主。因此,一定要引导学生独立思考、自己选择。

低年级的学生可以先从生活起居的简单筹划开始:如早上起床,不用父母叫床,自己用闹钟提醒。几点钟睡觉,也不依赖老师或者家长监督等。随着年龄的增长,在已完成的要求基础上不断增添新的要求,养成新的好习惯,并使自己在这些行动中找到成长的乐趣和精神的力量。

教师在这一过程中要多了解、多激励、多指导。

必须说明的是,所有的礼仪教育方法,要真正使学生建立起礼仪行为习惯,最重要也最有效的,还要把所有这些方法落实到学生自我教育上来。学生自我教育的方法是最根本、最核心的方法。

这也就是说,礼仪行为的建立,归根到底还是要由学生自己去思考、自己去抉择、自己去建立,再好的教师(包括家长)都无法代替学生构建学生自己的礼仪行为。因此无论哪一种教育法,要能有所实效,总是要落实到学生自己去做、自己去践行、自己去发现、自己去生成,这就是一个自我教育的过程。

叶圣陶先生说的"教是为了不教",意思是要求教师把"教"引导到自我教育上去,如果学生能自己教育自己,就不需要再"教"了。自我教育是"教"的可持续发展,是最好的教育,是真正的教育。能不能引入自我教育,和礼仪教育的推行能否取得成效密切相关。

因此,学校礼仪道德教育要取得良好的效果,必须努力做到以下三个转变:

第三章 特殊教育班级管理的创设

第一,在礼仪教育的内容上,礼仪道德教育应该从原来偏重礼仪的知识性、系统性转变为更关注学生的具体行为和实际生活。

刚开始进行礼仪道德教育,特别是编写礼仪教材时,需要关注系统的礼仪知识,但礼仪教育的最终目的并不是让学生学知识,而是要学生有所行动。学生的日常行为又是融合在生活之中的,在礼仪教育中,应遵循陶行知所说的"以生活为中心的教育"。

陶行知说:"是生活就是教育,是好生活就是好的教育,是坏生活就是坏的教育;是认真的生活就是认真的教育,是马虎的生活就是马虎的教育。学校就是要带领学生在实际生活中、在自身生活中学习礼仪。学校就要从学生生活实际中选择和提炼礼仪问题,如'上厕所的礼仪'"。"小问题,大礼仪"都是从学生生活中来,到学生生活中去,使礼仪知识和学生生活完全融合起来。

第二,在礼仪教育的方法上说,礼仪道德教育应由原来以教师课堂讲授为主转变为由学生自己来探究和实施。课堂讲授的礼仪教育总带有教师中心、教室中心、教本中心的痕迹,学生一般是被动的。而礼仪和交往作为一种智能是必须通过主体自身的主动探究才能获得的。

所以,必须转变到以学生为中心、以学生探究为中心、以学生行为改变为中心。这种可称为"学生自我教育"的教学模式。其步骤是:提出问题—联系自己—讨论方案—计划实施。

如前所述,引导学生自己来探究礼仪行为,不能缺少小组学生间的相互启发、相互帮助、相互督促。学生在小组中的共处交往,本身也是一个学习和练习礼仪行为的过程。学生在班级里的生活也应该是讲文明有礼仪的生活。

教师要充分运用班级民主经营、自我管理的条件,使每一个学生都能在小组中有机会表达自己的想法,有交流议论各种行为优劣的宽松氛围,把礼仪教育和班队经营结合进行。

第三,在礼仪教育的要求上,礼仪教育应是由原来全校全班统一要求、统一教育转变为各班逐步实施个别化教育,个别化教育是一个教师面对全班不同的学生提出不同的要求,也是一种差异教育和个性化教育。

例如"对长辈说话要有礼貌"这个主题,要学生来解释这句话并不难,但是在做的时候每个学生的情况就大不一样。有的学生对老师说话有礼貌,而对父母说话没有礼貌;有的学生对父母说话有礼貌,而对爷爷奶奶说话没有礼貌。

如果教师只是讲道理和提一般要求,那么学生可能就认为早知道了,甚至做到了。个别化教育不是由教师对学生逐个提不同要求,而是启发学生自己去思考和筹划自己的要求。要给学生留出个人思考的充裕时间,还要留出小组交流足够的空间,让学生审视自己的情况,提出符合自己的要求,制订符合自身的计划,然后自己去做。

教师首先要关注的,不是学生具体的要求提得如何,而是学生对自己提出要求时的态度,这种态度也是每个人不一样的。"态度决定一切"这句话对教师来说还是值得多加思考的。

孩子的心灵就是一块神奇的土地,播上思想的种子,会有行为的收获;播上行为的种子,会有习惯的收获;播上习惯的种子,会有品德的收获;播上品德的种子,会有命运的收获。

我们要坚信,经过学校、家长、社会的共同努力,一代有素养懂礼貌的跨世纪人才将在我们的学校诞生。

建立心理咨询室,进行心理疏导。新世纪、新时代对人的素质提出了更高的要求,不仅要有丰富的知识,高尚的思想道德情操,良好的身体心理素质更是一个人在社会上能否生存立足的基础。

在特殊教育学校上学的都是身心发展上有各种缺陷的孩子,因为身体的缺陷,这些学生大都有自卑、封闭、多疑等心理特点。因此,研究残疾学生的心理问题,针对残疾学生的身心发展特点和规律,学校通过各种方式,如建立心理咨询室,对其有目的、有计划地进行心理疏导。引导他们走出心理误区,补偿因为身体残疾带来的心理缺陷,从而培养他们良好的意志品质、竞争意识和进取精神,使之在未来的社会生活中具备较强的心理承受能力和心理调适能力,是学校贯彻国家的教育方针,培养残而有为的社会主义劳动者所需要的,也是每个特校学生能健康成长所必需的。

在特殊学校孩子中,他们的心理问题主要有:存在着缄默、孤僻、胆怯、恐惧等情绪发展障碍;存在着过分依赖、固执、任性、自私、自卑、多疑等心理需要障碍……这些现象若得不到疏导,就会成为残疾学生的不良个性特征,影响孩子今后的发展。

因此,作为特殊教育工作者,要高度重视残疾学生的心理健康问题,采取积极的措施,对残疾学生积极进行心理疏导,予以预防、干预矫正。

湖北省兴山特校就是一所十分重视学生心理健康的学校,他们通过心理健康讲座,开展心理咨询室等多种手段,力求让这里的每个孩子都有一个健康的心灵。

"同学们,我们都知道感冒发烧是生病,要吃药治疗。其实呀,我们有时心情烦躁不安,情绪低落,总有一种想要侵害别人或者自我侵害的莫名的冲动,这也是一种疾病,是人的心灵生了病。不过这种疾病并不可怕,只要我们认真对待,及时进行疏导,一定会很快好起来的……"

这是兴山特校心理咨询室的主讲老师李辉在心理健康教育讲座活动上主讲时的一幕。李辉老师这次主讲的专题是《中小学生心理健康》,从"不容忽视的心理健康"到"掌握一些简单的健康知识"等多方面进行了深入浅出的讲座,让全校的学生都认识到心理疾病也是疾病的一种。有了心理疾病并不可怕,只要及时与老师沟通交流,在老师的帮助下得到疏导,心理疾病也会缓解或痊愈。此次讲座让全体学生都受益匪浅。

兴山特校针对学生盲儿聋儿多,主要心理问题是自卑、封闭、多疑等心理特点,将建设心理咨询室,开展对学生的心理疏导作为推动学生全面发展的主要手段。学校有两名经过专业培训的心理健康教师负责学校的心理咨询室工作,对学生进行教育疏导,每周一次讲座,每次解决一个问题,每月一个主题。切实解决残疾孩子们的心理问题,帮助他们树立学习、生活的信心,让他们走出封闭、自卑的阴影,变得阳光、自信、活泼开朗起来。

自建设了心理咨询室以来,学生将这里当成了自己的心灵之家,每每有困惑就会来这里找老师咨询。渐渐地,学生之间闹矛盾的减少了,相互帮助的多了,逃学的孩子少了,刻苦学习的多了。

从该校走出的学生,有的成为自食其力的劳动者,有的进入大学继续学习深造,真正实现了学校"化弱为强、育残成才"的教育目标。

现在,越来越多的特殊教育学校安排教学经验丰富、细致耐心的教师学习掌握残疾儿童心理学,成立心理咨询室,建设心理咨询室,针对每个残疾学生的不同心理,开展定期与不定期的心理辅导课程,直接推进了学校心理健康教育的开展。

通过这种方式,不仅教会了残疾学生调整心理的方法,补偿和矫正了残疾学生个性心理中的缺陷,同时,通过在心理辅导中教会学生合理地调节心理,进行自我心理保健的方法,如回避法、补偿法、宣泄法、升华法、自愿法等。使学生学会了如何自觉抵制和纠正错误心理,调节心理平衡,最终能正确地认识和改善自己的行为。

在搞好学校心理咨询室建设上,学校还要着手做好以下几个方面:

(1)做好学校心理咨询室的角色定位。角色定位规范、心理咨询室的建设才有发展方向。

心理咨询室是学校的专业机构,承担着心理咨询的专业角色。同时,心理咨询室也是学校管理系统中的重要组成部分,承担协助校领导进行心理健康教育管理的责任。所以,学校心理咨询室有心理咨询专业服务和心理教育专业管理双重功能。

单一的心理咨询服务是不够的,还要积极组织心理健康教育工作,积极协调和指导班主任开展班级心理教育工作,加强心理教育专业管理的功能。让心理咨询室成为校长的心理健康教育"助理",成为学校心理健康教育的策划者、协调者与指导者。既推进了学校心理健康教育同时又激活了学校心理咨询室的咨询服务,小小心理咨询室也能够做出学校心理健康教育的大文章。

(2)确定学校心理咨询室的辅导重心。心理咨询室一方面要接受学生的个别咨询,另一方面也要根据学生成长的特点,对学生主动实施成长性心理辅导、主动性心理辅导、团体性心理辅导。

将要升入高一级学校,需要良好的适应状态,心理咨询室就应该组织教师对学生进行适应性辅导,提升学生的心理适应能力。一年一度的考试走近学生,心理咨询室就开展考试心理团体训练,有的是小组团体,有的是班级团体,有的是亲子团体或家长团体。成长性、主动性和团体性工作应该是心理咨询室辅导工作的重心。

(3)建构校园心理咨询室网络。能否建构有效的心理健康教育网络决定着学校心理咨询室能否有效运作。

在校内,应该形成以心理咨询室为中心的心理健康教育网络,将心理咨询室的触角伸展到学校的方方面面。建设起由心理咨询室教师、班主任、热心于学生工作的教师、学生小骨干组成的三级心理维护体系,使心理咨询室咨询服务工作呈开放辐射的态势。

(4)心理咨询室档案建设。心理咨询室的档案主要包括心理咨询室工作档案和心理咨询对象的心理档案两大类。

心理咨询室的工作档案是心理咨询室的工作记录,同时也是心理咨询服务的参照资料。档案建设规范操作可以从档案的形式、档案的对象、档案的内容三方面入手。档案的形式从单一文本性档案逐步转变为文本性档案与电子化档案的结合。加密处理后的电子档案既易于保密,便于贮存,又便于调整,利于使用。

档案的信息从较多静态性信息,逐步转变为静态性信息与动态性信息的结合。许多学校都在学生刚进校时对学生进行心理测查,建立学生心理档案,这是静态性信息。随着学生的成长,还要及时建立反映学生心理状况的动态性信息。

档案的对象从针对学生个体的个别化档案,逐步转变为个别化档案与群体化档案的结合。定期组织学校采集学生的心理信息,从中既能看到某个学生的心理信息,又可以看到某个班级、某个年级、某个学校、整个年龄段学生群体的心理信息。群体心理信息的把握和建档,对于各级教育的决策起着非常重要的作用。

档案的内容从比较关注心理问题逐渐转变为关注问题与关注成长的结合。不要只认为建立注意收集、贮存能反映学生问题的信息,以至于出现心理档案问题化的倾向,而是要更多地关注学生的心理成长,记录学生心理成长的足迹,突出学生心理的优势和行为的亮点。

(5)注意学校心理咨询室的主体成长。心理咨询室的建设要始终坚持"学生主体"的理念,让学生学会做自己心灵世界的主人,学会做心理咨询室的主人。

在心理咨询室设置"心情树",有心理困扰的学生将心理困扰的内容写成"心情卡",挂在"心情树"上。其他同学来到心理咨询室,看到"心情卡"的内容,则主动提供帮助,有的提供自己的成长经验,有的介绍走出心理困扰的办法。

开设心理专题沙龙,让关注相关心理专题的同学来到心理咨询室进行专题交流,在专题交流中大家分享成长的智慧,共同探索心理的奥秘。

让心理咨询室成为学生心理互助的场所,成为学生心理探索的场所,成为自我心理教育的阵地。通过多种多样的形式参与到学校心理咨询室的活动之中、管理之中、建设之中,与心理咨询室共同成长。

(6)孕育学校心理咨询室的文化。咨询本身是一种文化,咨询活动是一种文化活动。

学校心理咨询室的咨询与管理是校园文化建设的一个重要组成部分。学校不仅要重视学校心理咨询室内部的文化建设,而且要重视整个学校咨询文化的建设。为了使心理咨询室更贴近学生的特点,给心理咨询室冠以亲切的名称,比如"快乐小岛""心灵小屋""谈心室"等,从心理咨询室的外部形象标识上就给人以健康心理的感受。

美丽校园的每个角落都建成师生、生生心理沟通的环境,树立"开放式的心理咨询室"理念,每个教师办公室都建成"心理咨询室"。把"小组辅导"的方式迁移到课堂中去,迁移到学科教学中去。将心理咨询的文化渗透到学校的方方面面,让整个学校成为学生心理成长的沃土。

第四章　特殊教育康复整合课程建设与实施

第一节　教育康复整合课程建设概述

一、教育康复整合课程建设背景

(一)国家对特殊教育的重视

1. 国家对教育的关注

随着我国的改革开放、社会进步,国家提倡"努力办好人民满意的教育"。教育是民族振兴和社会进步的基石,事关国家未来。要深化教育领域综合改革,不断提高教育现代化水平。教师是立教之本、兴教之源,广大教师要时刻铭记教书育人的使命,以人格魅力引导学生心灵,以学术造诣开启学生智慧之门。努力发展全民教育、终身教育,建设学术型社会,努力让全国人民享有更好的公平教育。

2. 国家法律规定是特殊教育发展的保障

我国宪法、教育法、残疾人保障法明确了对残疾人的生存、发展、受教育权利的维护。2010年《国家中长期教育改革和发展规划纲要》(2010—2020)(以下简称《纲要》)提出加快推进特殊教育发展,大力提升特殊教育水平,这是切实保障残疾人受教育权利的又一重要体现。《纲要》将特殊教育单列一章(第十章),提出"关心和支持特殊教育""完善特殊教育体系""健全特殊教育保障机制"等要求。特殊教育第一次与学前教育、职业教育、民族教育并列,而不是顺带提及。特殊教育进入"正册"具有里程碑的意义,标志着我国现代化教育的完善。特殊教育也会以自身的成长,为我国教育现代化贡献不可或缺的力量、书写美丽篇章。

在《纲要》的引导下,各省、市、自治区制定的"十二五"中长期教育发展规划,均将发展特殊教育单列一章,保障特殊教育发展从国家到地方的贯彻与落实。随着《纲要》的发布,教育部、发展改革委、民政部、财政部、人力资源和社会保障部、卫生计生委、中国残联的《特殊教育提升计划(2014—2016年)》明确指出:"支持特殊教育学校配备必要的教学、康复训练等仪器设备,开展医教结合,实验、探索教育与康复相结合的特殊教育模式,加大对薄弱特殊教育学校配备教育教学和康复设施的支持力度。"

(二)特殊教育之春已来临

1.特殊教育面的扩展,经费、设备的投入

《纲要》指出每三十万人口区域办一所特殊教育学校,这使得我国目前有特殊教育公办学校两千余所,高等特殊专业院所七十余家。近些年国家加大对特殊教育的投入,除学生学费全免、教师提高工资待遇外,还让所有特殊教育公办学校或重建或改建或新建,且给各特殊教育公办校配置了新的设施设备,包括教育教学设施设备及医疗、康复仪器设备。教育部公布了"义务教育阶段特殊学校(盲、聋、培智)教学与康复仪器设备配备标准",如:盲校的定向行走,低视力医疗康复,运动功能医疗康复,感觉统合训练,心理康复等设备;聋校的听力检测、补偿与听觉医疗康复,言语医疗康复,语言康复,运动功能医疗康复,感觉统合训练,认知康复,心理康复等设备;培智学校的运动功能医疗康复,感觉统合训练,言语-语言医疗康复,音乐治疗,心理康复,认知干预等设备。在高等特殊教育专业方面,国家以每所院校六七千万的投入在数十所院校建特殊教育楼及配套数以百万计经费的设施设备。

2.特殊教育高品质服务追求

我国特殊教育经历量的扩大、面的拓展后,现已进入向特殊教育要服务品质的深度发展期。

(1)借鉴与反思

我国特殊教育学校在量的增加基础上,反思过往经验,意识到现行课程与生活脱节,学生不能获得语言、动作等系统康复服务,错失成长良机,

教学品质不高。高等特殊教育存在简单拷贝教育学、心理学,理论脱离实践的问题。特殊教育面临发展中的瓶颈,需要突破。出路只有一条:加强自身专业化建设,提升服务品质。

其中选择教育与康复整合(以下简称教康整合)之路,成为特殊教育学校和高等特殊教育的明智之举。

(2)国家特殊教育课程设置方案与课程标准均将教育康复纳入

各校正在开展此项工作。教育部基教2007〔1〕号文件公布了盲、聋、培智学校义务教育课程设置方案,其中聋教育增设的"沟通与交往"实践活动课程主要含感觉训练、口语训练、手语训练、书面语训练及其他沟通方式和沟通技能训练。旨在帮助聋生掌握多元的沟通交往技能与方式,促进聋生语言和交往能力的发展。盲教育课程结合我国国情,借鉴吸收国外视力残疾儿童教育经验,力求教育与医疗、教育与康复、教育与训练、教育与心理辅导等相结合,让学生学会学习、学会做事、学会共处、学会做人。盲教育的康复课程含定向行走、综合康复,从生理、心理、社会支持、科技辅具支持进行有效服务培养学生的社会适应能力。培智教育课程考虑智障生生理、心理特点,既有教育服务又有康复服务,还需教育和康复结合,多学科、跨专业整合服务。因而在教育类课程外还开设选择性课程(含康复课程),目的在于针对性地进行各类康复训练、咨询、治疗和辅导,使学生的身心缺陷有一定程度改善,受损器官功能得到一定恢复,使身心状况、身心素质、健康水平得到提高。因而有语言康复、动作康复、心理辅导、情绪行为处理等康复课程开设。

在教育部的特殊教育课程标准改革方案中,盲、聋、培智均有教育康复的相关目标内容。全国特殊教育学校正在逐步开展教育与康复整合的教学活动。

(3)特殊教育在职教师培训的广泛开展

国家在对特殊教育硬件投入后将目光转向特殊教育教师的培养,全国启动了特殊教育的国家培养(训)项目,让各特殊教育学校教师有机会接受国家级培训,并形成省培、市培、县培及学校自培的在职师资培养(训)机制。各高校和师资培训机构也开展了全年不间断的多元师资培训

(含教康整合教师培训)。教育部基础教育司"关于在特殊教育学校建立'医教结合'实验基地的通知"中提及了千百十工程:组织1000名校长培训,100名研究生培训,确定10所左右实验学校,办六七期康复教师培训班,每期30人,国内学习三个月、美国学习一个月,为推进今后的医教结合工作准备师资力量。

各特殊教育学校将教康整合内容作为学校教师培训和教师专业成长的重要内容。一是将教师送出去接受相关培训;二是将专业人员请进学校做教康整合培训。各特殊教育学校除送出去、请进来的教师培训模式外,还积极引进康复人才,同时着力打造本校教师的第二专业学习,成为自己学校的教康整合人才,并组建团队,以期能在学校永久性开展工作。

3.高等特殊教育专业的教育康复整合行动

(1)高等特殊教育开设相关课程

我国高等特殊教育专业有华东师范大学、北京联合大学、南京特殊教育师范学院、天津体育学院、重庆师范大学等开设的语言听力学、动作训练、教育康复等专业。国内其他高等特殊教育专业也部分开设教育康复课程。意在培养服务特殊教育学校、机构的相关人员,让特殊教育教师获得多学科、跨专业的新知新能。

(2)教育部批准建立教育康复新专业

教育部批准建立教育康复专业。这一新专业的正式建立,说明国家的重视和对该新专业的认定。由此全国各高等特殊教育专业纷纷响应,教育康复专业发展其势蔚然。

(3)教育康复新专业建设

开设教育康复专业和开设教育康复课程的院校进行了教康整合的课程设置,教学模式探讨、教材编写、教学实施、教师培养等具体的实用性新专业建设工作。

(三)教康整合服务现状

1.社会发展、科学进步

(1)儿童患病类型发生改变

由于我国儿童感染性疾病发生率下降,遗传性疾病的存活率上升如早产儿、极低体重儿、先天畸形儿等,有给予早期教育、康复的要求。

(2)早发现、早诊断、早干预

特殊儿童的筛查、鉴定等技术和制度的建立,比如我国规定的对新生儿疾病筛查而进行的神经心理发育评估,规定的对唐氏综合征、甲状腺功能减退症、苯丙酮尿症、听力障碍等的筛查评估工作,能够尽早发现特殊需求儿童而进行早期的教育康复干预。

2. 特殊教育学校学生发生改变

由于早发现、早干预的工作成效,又加之我国融合教育的实施,多数适龄的轻度障碍儿童进入融合教育普通小学就读。特殊教育学校已很难收到轻度障碍儿童了,进入特殊教育学校的学生多是中重度、多重障碍儿童,而中重度特殊需求儿童对教育康复的要求尤为强烈。学生的改变使得特殊学校需要有教康整合课程应对。

3. 学校康复人员奇缺

面对特殊儿童、家庭、社会对教育康复的迫切需求,现有医学院校培养的康复人员供不应求,因此,要通过新途径、新办法,培养教育康复人员,以应急需。

(四)教育与康复整合发展历程

1. 教康整合的渐进过程

教育与康复结合有一个成长过程,其发展可追溯到几百年前。

法国医生依塔德(Itard,1775—1838)受教育家洛克、卢梭等教育思想影响,对12岁的在法国阿维龙森林里发现的与野兽一起长大的野孩子维克多进行教育,他通过理想的教育促进其本性发展。依塔德为维克多拟订了一个为期5年的训练计划,训练内容、训练环境均经过精心设计,从感官训练入手,结合医疗进行。依塔德开了智障儿童个别化教育的先河,他为维克多制订的个别教育计划给后来者极大的启示。

爱德华·谢根(Edonard Seguin,1812—1880)是依塔德的学生,法国人。他在教育智障儿童方面创造了辉煌的成绩,被誉为"智障的福音"。他认为感觉和运动训练在早期教育中是最为重要的,特别是在一种适当兼顾个性的教育中尤其如此。他认为：活动教育在前，知识教育在后，最后教育进入意志和自我道德训练。他坚持认为整体存在于各部分之中，结果酝酿在开始中。1887年他在巴黎创办了世界第一所智障儿童训练学校，他的教育计划、训练方法系统、全面、科学，影响了19世纪整个特殊教育界。

法国人比奈（Binet）自1895年以来对区别天生智力差的儿童与后天由于不良环境或缺乏照顾而智力落后的儿童很感兴趣，他与西蒙（Simon）合作，发展多方面测验，对制定心理年龄（智龄）标准做出了贡献。比奈－西蒙或斯坦弗－比奈测验的技术代替了以往的识别法。智力测验检测出智力落后儿童，推动了智障教育的发展，引起了社会对智障教育的关注。

20世纪最初10年承接上一个世纪，教育的力量如赫胥黎和斯宾塞宣扬的那样产生了很大影响，教育理论家赫尔巴特和福禄倍尔的理论也发挥了很大作用，紧接着出现了许多教育方面的改革和立法。我们看到了人们对心理欠缺儿童的注意，人们了解到教育、环境、营养与这些方面不能分开。蒙台梭利（Maria Montessori），意大利人，医生，后从事智障儿童及正常幼儿教育，1899～1901年管理了一所有缺陷儿童的学校。后来她在"幼儿之家"上发表了保护儿童的见解，她认为"心理缺陷儿童和精神病患主要是教育而不是医学问题"，教育训练比医疗更有效。她受政府委托在罗马建立一所特殊儿童学校，共收智障儿童22名，亲自主持教育训练和实验研究。蒙台梭利彻底研究了依塔德和谢根的教育思想，并应用于临床教育实践中。她抄完了谢根的600页法文版书，她认为"谢根的声音像从荒野传来的先驱者的呼声，使我精神振奋，意识到我所从事的工作必将成为改革学校教育的巨大力量"。蒙台梭利总结了自己在罗马进行的关于缺陷儿童的实验，又做了两年缺陷儿临床教学工作。在依塔德、谢根著作指导下制作各种教具，并深切感到"重要的不是靠教材而是靠我对他们呼唤的声音，唤醒孩子、鼓励孩子使用这些教材。我在工作中遵循两点：一是深深尊重他们；二是接受他们，强调调动儿童内在潜力"。她又说:"必须对精神起作用这一信念犹如一把打开秘密的钥匙,使我解开了谢根精辟分析一系列教学实验的秘密。"蒙台梭利认识到"使智障儿童成长为智力正常人的方法应该是从幼儿时期帮助他发展,给他以适合形成正常人全部个性的一种健康教育"。后来她把教育智障儿童的方法用到正常儿童的幼儿教育中大获成功。蒙台梭利教育理论和教学法在世界各国广为流行。她一生著作颇丰,代表作有《蒙台梭利方法》《高级蒙台梭利方法》。

20世纪中后期特殊教育逐渐走出隔离式养护机构模式而有了回归主流的理论与行动。又由于临床医学、康复学的发展而有了药物、专门的康复技术、科技辅具的支持,并有早期疗育机构的建立。中国也开始了聋儿语训工作,该项工作最先进入医院、医学院校,再进入康复机构,后进入特殊教育学校(聋校)。

2、教育康复整合的大发展

(1)融合教育深入开展

进入21世纪,特殊教育有了长足的进步,尤其是近年融合教育取得了实质性发展,资源教室、资源教师进入普通学校。相关服务人员的跟进均会促进教康整合的发展。

(2)特殊教育自身成长

特殊教育自身成长的意识更加明确,学习机会大大增加,特殊教育眼界、胸怀均已拓宽。特殊教育要追求更强、更优质的服务能力。

(3)相关专业的发展

与特殊教育联系紧密的专业如医学、康复、心理咨询、科技辅具的快速发展,语言治疗、动作治疗、作业治疗、艺术治疗等多专业和专业人员的成长使特殊教育直接受益。医疗机构先一步向教育要人才,一些心理学科、特殊教育专业毕业生进入儿童医院、儿保机构、康复机构参加工作。特殊教育机构、学校也希望医疗、康复人员的加盟。但获得这类人员很困难,这就有了在自己学校在职教师中培养康复人员的思考与行动。教育与康复的整合因时、因地、因人应运而生。教育康复整合既为特殊儿童及家庭需求,也已条件齐备,成为可能。

(五)相关名词和概念

1. 教育

广义的教育泛指一切有目的地影响人身心发展的社会实践活动。狭义的教育主要指学校教育,即教育者依一定社会要求和受教育者的发展规律,有计划、有目的、有组织地对受教育者身心发展施加影响,期望受教育者发生预期的变化。

2. 康复

(1)康复所指

2001年《国际功能残疾和健康分类(ICF)》对康复的描述:(康复)是一种健康策略,促进人在与环境互动中健康状况得以改善。是促进受康复者身体的、感官的、智能的、精神的和社会生活功能达到和保持在力所能及的最佳水平,从而使特殊儿童借助一些措施和手段改变其生活而增加自立能力。康复含重建或恢复功能,提供补偿功能缺失或受限的各种手段以"提高生活质量,重返社会"为目的。

(2)康复医学

康复医学是一门研究伤病者、残疾者身体和精神康复的应用科学,是一门由医学与残疾学、心理学、社会学、工程学等相互渗透的综合学科,包括康复预防、康复评定和康复治疗三部分。

(3)康复工程

康复工程是指利用工程学原理和手段恢复、弥补、重建患者功能。如设计制造假肢、矫形器、康复训练器械为患者配置沟通辅具、生活辅具或进行环境改造、无障碍设施建设等,以补偿残障者丧失的功能,提高生活质量和社会参与度。

3. 教育康复整合

(1)教育康复所指

教育康复是指教育与康复的结合。从实践看,指在特殊儿童教育中阶段性吸纳融进康复。从学科和专业建设看,特殊教育是人文科学和自然科学兼容的边缘性交叉学科。基于特殊教育实践中学生生理、心理、社会的发展需求,结合特殊教育专业化建设的深入发展,考虑特殊教育专业化成长,借助现代康复理念和技术,用他山之石,让特殊教育能力倍增,提高服务品质,达至教育康复新专业形成。其终极目的是让特殊儿童在身心发展历程中得到更完善的服务,过上高质量的生活。

(2)教育、康复的关系

教育与康复的相同之处在于,二者都是介入式的,是特殊儿童成长的外部支持,具服务性,目的均是增加特殊儿童的自身能力。面对特殊儿童时,教育与康复往往会针对同一个案的感知、粗大动作、精细动作、语言、认知、生活自理、社会各方面等,同样会在其成长的各阶段和各环境中介入。

教育与康复的不同之处在于时间长短、效果和作用等方面。教育是长期的、养成性的,对全人格的影响是渐进、持续的过程。见效较为缓慢,除知识、能力形成外还关心精神、心灵的成长。教育是针对人的一生贯通的、影响式的点点滴滴,无处不在的浸润塑造如时雨春风,十年树木、百年树人,故有教化之说。康复是针对健康问题,通过各种措施帮助病、伤、残障者恢复或补偿功能,针对技能、能力而做的较为集中的强化练习,能在一定时间内见到具功能性的结果。

教育康复是特殊儿童成长发展的要求,因为特殊儿童是生理的人、心理的人、身心整合在社会生活中成长的人,往往因身心障碍使其对教育和康复的需求尤为期待。

在对智障儿童的分类上曾有可教育、可训练、需监护之说。随着特殊教育的发展,此种说法已被"一个也不能少""不让一个孩子掉队""让每个孩子成功",依需求提供教育康复、建立多学科、跨专业支持服务等理念和行为替代。

(3)教育康复整合是新的突破,是新专业的产生

当教育和康复单兵作战时是各自孤立的单个"1",在面对特殊儿童的诸多需求时常显得力不从心,所以曾有"医学的终点是教育的起点"的慨

叹。经历岁月沧桑,进入现代化社会,教育康复整合出拳,做了"1+1大于2"的加法。这标志着教育的进步,康复的进步,教育康复携手合作,创建新的专业。

4.多学科、跨专业团队

特殊教育学科性质决定其是多学科、跨专业团队组合,有时还是大跨度、多界别团队,否则难于解决问题。在教康整合的课程理论与实践当中常涉及多学科、跨专业团队的建设与实践运作的问题。

5.相关服务

针对特殊儿童个别化教育计划,相关服务会成为个别化支持计划的一部分,这是比教育康复整合更宽泛的概念。准确地说,教育与相关服务更合理,其涵盖面更宽。但是,为突出康复,为约定俗成,本书称为教育康复整合。在实际操作中还是应启动广泛的相关支持服务。

二、教育康复整合课程建设特点

(一)教育康复整合课程建设的特点

教育康复整合课程建设是新课程的产生,具有如下特点。

1.以生活质量为导向

(1)教育康复整合课程意在提供有效服务

教育康复整合课程的形成是为了在原有的单一教育、单一康复基础上联手合作,提升服务能力和服务的有效性。

(2)有效性服务的终极目的是让特殊儿童过上有质量的生活

所谓有效性服务的终极目的是面对特殊儿童的生活,既面对其生活现状,又要提供支持服务,改善现状,过上更美好的、有质量的生活。千万注意教育康复要紧紧联结学生的生活,避免教育的隔离、康复的游离,教康整合最终要融于学生生活当中,成为生活常态。

2.尊重学生,促进学生自我成长

(1)尊重学生是教育康复放在首位的态度和原则

教学是双方平等共进、合作的关系,要相互尊重理解。

(2)促进学生自我成长

教育康复的最高境界是培养出一个有自我成长能力的学生,所以尊重学生的教育康复需求,尊重学生感兴趣的学习康复方式,与学生一起确定计划,让学生知晓教康安排,自觉主动完成教康任务,做自我教康成果评议均是教导学生自我成长的举措。

3.具有实证性与操作性,是促进成长发展的课程

教育康复课程有理论论证和理论引领,是在重要的理论导向下可以实际操作、实际运用、促进成长发展的课程。

(1)高等院校教育康复人才培养课程

在培养教育康复人才的高等教育课程设置中强调开设实用性课程,增加教学实习、实作的时间和角度。选任懂操作的专业教师,选用或编写相关课程教材、教具,与实习学校、康复机构密切联系合作,培养教育康复专业学生的实作能力是本专业的要求。

(2)特殊教育学校(机构)教康整合课程

各特殊教育学校和康复机构也要加紧对教康整合的知识、技能的学习,确定自己学校(机构)可以提供的教康服务,建立自己的教育康复课程系统。

(3)是促进成长发展的课程

教育康复整合课程关注学生成长发展,尤其重视发展期的干预,是促进成长发展的课程。

4.以个案引领,实施个别化教育与教学

教育康复课程以个案引领,是通过个别化教育教学实施的。

(1)教康整合个别化教育教学流程

教康整合个别化教育教学的流程是:诊断、评估→拟订个别化教育计划、方案(含支持计划)→设计教学活动→实施教学活动(通过一对一单训、小组活动或集体教学活动)→再评量→修正教学。

(2)具体过程中的教康整合

①诊断、评量中教育、康复综合性项目设置有生理、心理方面为教育、

康复提供依据的项目,如:生理情况调查,认知能力、动作能力、沟通能力、社会适应、情绪评估、课程评量。

②在个案会拟订个别化教育计划与个别化支持计划(以康复、相关服务为主),个案讨论会后的个别化教育计划是为学生个人成长发展拟订的目标与内容。与个别化教育计划匹配的个别化支持计划,从人、物、环境资源等角度予以规划,从内容、步骤、策略等给予协助与服务。个别化教育计划与支持计划从自我成长与支持协助两方面入手,涉及教育、康复的整合。

③设计、实施个别化教学活动(教育、康复相整合的教学活动),依据个别化教育计划,通过一对一和小组集体教学活动设计与实施,采用教育和康复整合的干预措施,比如:情境教学、工作分析、语言训练、动作训练等方法促进学生成长。

5.多学科跨专业团队共同合作

教育康复本身就需要多学科跨专业团队共同合作才能完成工作任务,其合作贯穿在所有工作中(含个别化教育教学当中),再形成整合课程。

(1)跨专业团队参加学生的诊断、评量

学生的诊断评量需要多学科团队分别从多方面入手,各自发展本专业专长。诊断评量除做全人评量外,还有对学生障碍困难处的专门、专业评量。

(2)多学科跨专业团队相关服务人员参加学生的个案研讨会

在个案研讨会上,各学科相关服务人员报告个案在本专业的测评情况,同时了解个案的家庭、学校、社会生活环境及个案在其他方面的全面、整体成长情况,从而明确本专业与其他专业的相互关系。大家共同提出方案、建议,促进该个案成长方向性和核心关键问题及内容的落实。

(3)参与个案的个别化教育计划及个别化支持计划拟订会

相关服务人员在个案的个别化教育计划会议上可以从本专业角度发表意见,并执行和完成本专业角度的相关支持,且与其他专业人员配合,相互沟通,将相关服务落到实处。在个别化教育计划拟订、执行与终评等活动中,相关服务人员均需参与。

(4)进入对个案的实际教育、训练

多学科相关服务团队成员按个别化教育计划,进入个案的相应教育教学活动和相关的康复训练活动当中,且主动为个案成长做好教育康复的整合,又与其他学科和专业人员讨论、合作、共进。比如,语言治疗人员实训中与某儿童的特殊教育教师的沟通,与动作训练人员的交流。

6. 教育康复课程进入学生一日生活

(1)教育康复整合课程进入学生一日生活

教康整合课程既包括一日的各项显性课程活动(如学科教学、音、体、美等),也包括一日日常生活活动(如进餐、如厕、就寝等),还含一些隐性课程活动(如课间休息、班务活动、娱乐休闲等)。相关课程均自然融入其中,以丰富教学活动、拓展多元方法、增强教学能力、收获教学效果,这是在相关服务介入后课程实施的追求。

(2)教育康复量的安排

学生的某阶段需求有时间与量的规定,比如某脑瘫儿童的动作训练有一天的时间总量和各计划分项的频率(每分钟或每个时间段动作次数的要求)。

(3)教育康复的时间、地点、人员、资源

学生的教育训练时间、地点、人员的安排:如8点在教室,晨间活动(由班主任带领);10点到感统室由康复教师训练;晚上在家辅导、训练一个半小时(家长协助)等。资源包括在教育、康复相应环境中的教材、所用辅具如梯背架、楔形垫等资源的准备。

(4)教育康复课程与一日功课表的拟订

依教育康复整合的综合性课程模式将教康目标内容纳入一日各类活动当中,含集体、小组、个别活动,排定一日功课表。

(5)教育康复整合课程进入学生的一日家庭、社区生活

教育康复课程支持特殊儿童在学校执行,还要支持家庭,提供家庭的

咨询服务、心理辅导、转介服务以及为家庭提供教育康复的方法和策略等。在自然环境中,协调多专业人员与家庭相结合,通过家庭、家长乃至特殊需要儿童相互合作进行教育康复技术转移。学生的个别化教育计划执行时,专业人员以合作方式与家庭、家长、社区共同完成。

7. 教育康复整合,面对学生成长各阶段关键问题

(1)教康整合的阶段性任务

教康整合的阶段分为学前、学龄和职业教育阶段,下面我们就从这三个阶段分别讲述。

第一,学前教育阶段。

特殊儿童学前阶段处在个别化生涯发展前端,是人生基础期、奠基期、关键期,是教康整合的重点,是学生家长、社会的关注点。此阶段核心能力凝聚度高,专业含量丰富,也是特殊教育专业化聚合点,此阶段儿童发展主要含粗大动作、精细动作、感官知觉、语言、生活自理、认知、社会适应等教育,还包括注意力、记忆力、听从指令、模仿、适应力等基本学习能力培养及各类障碍儿童的教育训练及教育、康复整合性运作。以感官知觉、粗大动作、精细动作为主要领域,语言、生活自理为相关领域,其余为次要领域。

第二,学龄期教育(义务教育)。

义务教育阶段是学生成长发展,逐步走向社会,适应社会身心快速发展的时期。这个时期学习内容多,有大量的适应能力教育训练,如沟通、自我照顾、居家生活、社交技能、使用社区、自我引导、健康安全、休闲娱乐、生活等诸多方面的成长,教育康复除基础能力训练外还有心理辅导、科技辅具等运用,同时重视学生自我成长能力的培养。以沟通、生活自理、认知为主要领域,感官动作为相关领域。

第三,职业教育阶段。

职业教育阶段是特殊需求人群发展继早期教育、义务教育之后的阶段。职业教育与生涯发展紧密联系,其社会性强、复杂度高,面对的问题既是特殊教育中的重点,又是难点。主要含工作人格、职业能力、社区独

立生活技能等,从教康整合角度强调与社会和职业重建相关的能力培养。本阶段以社会技能为主要领域,其他领域为相关和次要领域。

(2)针对关键问题的教育重点和优先目标确立

特殊儿童成长发展中某阶段某一时期会有关键的问题需要面对,教育康复整合课程既面对每个学生全人类的整体发展的普遍规律,又要找到学生个人的障碍、困难之处,并积极面对,解决问题,因而有了针对个案关键问题,确立教育重点和优先目标的思路。

第一,如何确定教育重点。

遵从学生发展的顺序。以儿童动作发展为例,儿童粗大动作发展的顺序是抬头→坐→爬→站→走→双脚跳→单脚跳→跑,而精细动作、口腔动作的发展与粗大动作的发展是紧密相关的。如果儿童目前尚处于坐的阶段,对应的手部动作的发展可能处于手臂活动阶段,而口腔运动属于远端动作发展,故该儿童目前在动作板块发展的重点应该是扶物高跪、爬行、跪走、站、抓握等,口腔运动暂不列入重点。

分析学生所处的生态环境选择目标。为了发展学生的生活适应能力,教育目标来源于生活,同时也需要在生活中练习、应用。在拟订教育重点时,应考虑学生所处的生态环境,拟订常用、需用、实用的重点。如交通安全板块的目标,生活在城市的学生需要学习认识斑马线、红绿灯,而边远农村少有斑马线、红绿灯。

此外,还可以结合学生现有年龄来确定发展重点和教育重点。

第二,教育重点涵盖的内容。

①学生教育生涯中每一阶段安置评估。如学前、学龄、学后阶段的衔接,以及正常化的最大可能。

②每一安置阶段的学习重点:该生各发展领域目前已发展的能力,下一阶段应发展的能力。

③需长期关心、培养的能力。如工作人格养成、视力问题的解决、手功能障碍的处理等。

④影响各领域能力往下一阶段发展的因素及相互关系(关键能力或

优先领域),这些关键能力建立以后可以带动的相关能力。

第三,教育重点的来源。

①课程评量,如双溪心智障碍儿童课程评量、早期疗育手册、重庆师范大学特殊儿童适应性功能教育课程、职业教育课程等。

②学生特点包括年龄段、兴趣、学习特点等。

③对学生现有水平的预估。

④生态环境(家庭、社区、学校)。理论上讲,未达满分的项目均是候选目标,但是,这些候选目标不一定适合该学生,所以要结合学生自身状况及其所处的环境才能制订适合该生的教育方案。

(3)教育康复整合课程对优先目标、相关目标、次要目标的解释

第一,优先目标。

优先目标是指经专业团队共同认可的关键能力。关键能力建立了或突破了才能带来下一阶段的发展,如脑瘫儿童、粗大动作的具体细目标。

第二,相关目标。

相关目标是指在练习优先目标的同时训练相关领域的目标。如练粗大动作目标活动时会同时用到感觉、认知、语言、社会情绪等。

第三,次要目标。

次要目标指不受关键能力影响的其他目标。可以和关键能力同时发展,如脑瘫学生认知领域的具体目标;已发展出来的能力的整合性、功能性应用,比如脑瘫学生动作可及的生活自理目标。

8. 教育康复课程实施环境

教育康复课程实施在一日、一月、一年的环境中,如前所述,含家庭、学校、社区全部生活;含学前、学龄、职业全生涯的各种各类环境;含特殊教育校班和普通学校融合教育多元环境。

9. 特殊儿童全人教育中教育与相关服务整合

教育中引入相关支持服务、引入康复,使相关服务有更多的教育思考,在全人教育观念统领下,康复人员领悟到治疗本身也是一种教育,即动作的教育、语言的教育。物理治疗师叶仓甫认为,若能明白神经发展各

项能力的顺序,使其能掌握学习的重点,就能拿捏得当要求与支持的学习标准及运用愉快轻松的学习情景,在诱导与激励的个别化教育下达成教育目标,尽力架构最有效率且稳定的教学模式。教育本身也领悟到全人教育并非在各领域平均使用力量,而是依据学生的个别化需求,从学生整体发展中处理某阶段成长中的重点,且充分借助相关服务之力,调动学生自身能力进而达至全人发展。

10.教育康复整合相关服务课程不只是简单的个别补救教学活动

在学校活动中教康整合相关服务课程有部分通过个别补救教学活动进行,或强化式密集训练进行,但并不止于此。相关服务课程更是在与一般教学活动相配合中完成,在多种丰富的轻松、快乐的学习情景和生活情景中进行。这一点也是我们要做的整合与努力。

(二)教育康复课程有效性要素

1.理论指导

对特殊教育理论、康复理论、教育康复理论有深入的理解与领悟,能够将理论运用并指导教育康复实践。

2.精专的专业能力和专业人员

(1)需要专业人员

教育康复需要有对特殊教育从理论到实际运作深入而熟练的专业人员,需要有对康复理论与实际运作深入而熟练的专业人员,还需要能将教育康复新专业理论整合并能对教育康复新专业实践做探究、有发现、寻规律,能形成实作系统的、能创造、有成长的专业人员。

(2)专业人员培养

专业人员培养首先是从教育出发,且从以教育为核心的康复出发,培养专精于某方面的专业人员,或是在原有的特教教师教育教学基础上学习第二专业,如学习语言训练、动作训练。形成在某方面的精专是很重要也很必要的,否则,缺乏整合的基础能力。专业人员需具一项或几项基础能力才有可能进行教育康复的整合。

3. 以教育为核心的教育康复整合课程及教师

(1)以教育为核心的教育康复整合相关服务课程

这里的"相关服务课程"又可称为"新专业整合课程",是以教育为核心开展的。在学前教育、学龄教育、成人教育中主要通过学校背景,由学校领导、学校教师团队,以学校在校学生和部分校外特殊儿童为服务对象,整合校内特教专业知识,具第二专业知识的教师或聘请相关领域专业人员组成联动团队,称为"多学科跨专业团队"提供的整合型相关服务。

(2)相关服务课程实践

相关服务课程的实践主要是组建相关服务团队,其流程如下所述。

①由学校出面决定开展相关服务项目。是开展动作训练,语言训练,还是全面开展相关服务?一所学校和机构要做到相关服务全面开展,目前存在一定困难。可就学校实际情况,拟出可以提供的服务内容。

②确定服务团队成员。相关服务团队的组成人员分为负责人、执行人,即谁做语言训练?谁做动作训练?

③选取服务模式。相关服务是个别服务,还是团体、小组服务形式?是全日服务,还是半日?是抽离式还是融入活动和日常生活中?是单项服务还是整合服务?诸如此类的问题,需要有讨论有规划地抉择。

④服务场地和资源配置。要提供服务需有相应的场地,同时需有动作训练资源、语言训练资源、音乐治疗资源、心理辅导资源等,涉及场地落实、场地建设、资源的规划配置。

(3)相关服务课程教师培养定位

相关服务课程教师培养通过以下方式开展:相关专业人员到学校培养,将在职教师送至各专业院所或机构中培养,进行职前教师培养。与专门的康复师或辅具制作师等培养的区别是:相关服务课程教师以学校环境为背景,以特殊学校机构的特殊学生为对象;不是学习普遍性康复知识,而是针对性强的以特殊学生需要为引导的专门技能学习,比如脑瘫儿童动作训练、语言障碍儿童语言训练,及相关辅助技术运用及开发;在将学生用于一对一的相应训练的同时,还要将所学纳入日常的教育教学情景,进入日常的教学和课堂。相关服务课程教师还需有将教育与各专业作整合,即多学科整合的特殊教育运用能力。

(4)我国相关服务课程处于起始阶段,尚不成熟

我国相关服务课程多处在引入学习阶段,课程内容和课程体系均在形成过程中。相关服务课程教师经验不足,教练级、骨干级教师欠缺,相关服务课程教师数量缺口大。

处于起始阶段的相关服务课程目前很稚嫩,很不成熟,因而每门课程的专门教师引入,骨干教师培训成为首要解决的问题,同时形成每门课程的教育教学系统,推进新课程专业化建设,也是急需着手的工作。

当然相关课程的启动意味着每门课程均存在发展的大空间和潜能,有众多宝藏等待我们去发掘。相关课程使特殊教育服务能力倍增,我们期待着相关服务课程和相关服务的踏实前进。

4. 团结合作的专业团队是教育康复整合课程的有效性保证

教康整合,贵在合。教育康复整合首先是人的整合,其次是事、物的整合。

(1)合作对象

教康整合首推教育康复多学科跨专业团队内部的整合,该团队的各类专业人员,如教师,心理咨询人员,语言、动作、艺术治疗等各类人员之间的协调、合作。除了专业团队内部的整合还有与家长、与社会相关人员的合作,此处着重谈专业人员内部的整合。

(2)合作理由

教康整合专业团队由各类专业人员组成,他们要共同面对同一个案,分别从各自专业的角度给这一个案以帮助,每个专业都有自己的专业角度及内容、方法,都能对个案产生专业影响力。但每个专业都有局限性,各专业之间是相互关联、相互影响的,只有各专业联合起来,形成合力,取长补短,相依相生。专业间的合作不是简单的相加,而是相互沟通、理解、容纳,这样才能产生一加一大于二的有效度的健康整合结果。

(3)合作品质

合作品质主要含:专业能力、尊重、平等、负责任、信任、呼吁、真诚等。

第一,专业能力。

专业能力是专业合作的基础,专业团队是由各种具有专业能力的人带着他们的专业内容、专业方法策略、专业思维和专业行为方式进来的,可以说每个专业人员都有他自己不同于其他人的"十八般武艺"和本专业的话语权。

第二,尊重平等。

各专业人员之间相互尊重、平等交往,每个专业和学科都有自己的规律性、特征性、专门性等,尊重其他专业的意见,平等相待,以谋对特殊教育需求学生的最佳方案和最佳效果。切忌专业偏执造成个案在各执一词的专业权威下花费了大量的时间而无所适从。

尊重平等还表现在各专业人员与学生、家长、社会相关人员的关系上。专业人员与学生家长是服务与被服务的关系,这不是高与低、上和下的关系,双方需相互关心、互相尊重。人敬人高,对别人尊重是自重的表示。尊重平等是合作的重要前提。

第三,真诚信任。

真诚是人际交往的良好品质要求。各专业人员间应该真诚相见,实事求是、明辨是非、有坚持性、有创造力;能表明自己的观点立场,同时能虚心学习,犯了错误能主动承认,及时改正错误;与其他专业人员坦诚相见,并能共同携手解决问题;相信自己的能力,也相信他人的努力;言必信,行必果,以诚信为本与跨专业多学科多专业人员合作,与教师、学生合作,成就教育康复的有效性收获。

第四,负责任与呼吁。

教育康复工作是多学科跨专业人员共同承担、合力共进的,合作是专业人员的工作责任与行动。合作交流成为教育康复的工作常态,多学科专业人员能共同面对个案,面对问题和困难,能共同经历从个别化教育诊断评量到修正教学的全部过程,确保对学生成长发展的全部关照。这是负责任的具体体现:在困难与挫折面前敢于面对,勇于为专业呼吁、说明、捍卫、坚守,有拍案担当的勇气与魄力。

(4)合作行动

教康整合中多学科跨专业团队的行动具体体现在该团队进入个别化教育教学全程。该团队能共同面对同一个个案,拿出自己的专业建议并了解、理解配合支持其他专业和学科的健康行动,在合作中勇挑重担、互帮、协同。能有各专业、跨学科团队共同的课程以利于对个案的评量,进而对个案整体、深入了解并有共同的对策。各专业人员之间广泛、经常地沟通、讨论(针对诊断、评量、个别化教育与教学等问题)。

5.教育康复整合的渐进发展

教育康复的整合是渐进发展的,在不断探索当中完善,一般经历以下过程:

首先,教育、康复各自独立运行,即教育和康复元素都有,但各自运行,没有太多交集。

然后,教育、康复部分融合,康复在部分情况下进入教育,如进入晨间活动、体操活动中。

最后,教育康复多元融合,康复进入学校一日的大部分活动,进入家庭、社会生活中。各学校、机构需有意识地促进教康整合这一渐进过程,获得一步一步的成长。

三、教育康复家庭支持

(一)特殊儿童家庭支持

特殊儿童家庭支持是指由社会(含特殊教育学校、康复机构等)对特殊儿童家庭、家长和学生提供的支持与服务。家庭支持服务提供者有学校、医院、康复机构、社区等,具体有教师、医生、康复师、社工、义工等。接受支持的有家庭中的父母及其他家庭成员、特殊儿童本人等。家庭支持包括非正式支持和正式支持。如朋友、亲戚、同事的支持称为非正式支持;正式支持指计划性、组织性强的如学校支持,康复机构支持,医院支持,残疾人联合会支持,民政、教委、当地政府等支持。支持还有自然支持、社会支持、自我支持。自然支持指自然形成的人与人之间的支持;社会支持指除社会范围所及之外的支持(如相关单位、社会人员),还含多学科跨专业的支持。自我支持包含各家庭之间、家长之间以及本家庭内部的相互支持。支持的内容很广泛,有生理的、心理的,教育的、社会的,精神的、物质的,有关特殊教育康复态度的、知识的、技能等的支持。支持服务形式有对家长团体的、家长小组的和一对一家庭或家长的支持服务,有对特殊儿童家长在孩子就读学校机构里进行的相关支持,还有教康人员走出学校、机构到特殊需求儿童家庭而做的到家服务。

(二)特殊儿童家庭支持目的

从教育康复角度对特殊儿童家庭进行教康整合支持的目的有:满足特殊儿童及家庭的教育康复需求,给予特殊儿童家庭与家长教育康复的相关态度、知识与技能,做好教育康复知识的转移,让家长能在家庭环境里操作并实施家庭教育康复,与家长一起面对问题、解决问题、获得成果及勇气,促进家长成长及支持提供者跨专业团队的共同成长,增长家庭、家长的信心与内力促进家长成长为教育康复的参与者、倡导者、推动者、关爱者、践行者、捍卫者,获得并享有有质量的家庭生活。

(三)谁提供家庭教育康复支持服务

家庭教育康复服务的提供者主要是教师、康复人员、教康整合人员以及多学科跨专业相关人员。当然也含社工、义工及接受服务的家庭及成员本身。

(四)教康整合家庭支持的意义

教康整合家庭支持的意义在于让教育康复除在学校环境运行外,能深入学生更为广阔和实质性的家庭生活、社会生活当中。教育康复的服务能经由家校合作支持途径,惠及学生的全生涯、全部生活。具有学校、家庭、社会互动整合的家庭支持能使家庭获得健康整合意识与行动。

(五)家庭、家长参与教康整合的重要性

家庭、家长参与教康整合当中,既是家长的权利又是家长的责任。家长、家庭在专业人员指导下,拓展教育康复的家庭活动,增加教育康复有效剂量,更容易收获教育康复的效果。家长具有教育康复的原动力主动性,是自然支持、自我支持的核心。

(六)特殊儿童家庭支持的国际国内关注

1. 国际社会对特殊儿童的家庭支持

国际社会对特殊儿童家庭支持从心理动态研究、社会心理学研究,发展到在生态文化领域运用思维哲学观进行多层面、多角度的研究。早期多是对家长压力从负面影响层面进行的研究。压力越大,支持力度也越大,而家长经自我修复后转为积极面,压力转为动力,研究则转向对家长的积极心态、积极行为的关注。从消极面转向积极面是值得重视的研究角度转向,从以前支持的专业人员为主导后转为专业人员与家长合作。专业人员服务于家长,对专业人员的培训从早期偏重于知识技能,到现在关注于培训与家长的沟通交流上,促使专业人员更好地与家长(含特殊儿童家长和普通儿童家长)的合作。在提供支持的人员上,改变只从专业人员对家长的支持转向家长间的互助与支持,含特殊儿童家长之间的理解、支持,特殊儿童家长与普通儿童家长间的互动。很明显,这是从专家中心到专家、家庭联盟,再到家庭为中心的转变历程,这一历程反映了家庭主动性、自主性的提升及对家庭个性化、家庭权利的尊重。同时,关注有效的家庭支持模式研究,推进家庭支持的效能及优化性。

2. 国内特殊儿童家庭支持

国内特殊儿童家庭支持经历的是从实践需求出发,同时有理论研究的非正式支持与正式支持并行且相互合作的历程。家庭支持最初起源于家长之间的自助自救而形成非正式的家长间的联系、支持,产生小型的非正式家长团体,进而推动了正式的家长组织。比如残联领导下的智障者家长亲友会及各障别协会中,专业人员进入家庭支持。对家庭支持的研究有与国际同类研究发展的相似趋势,在有效的家庭支持模式上从哲学观、文化观、社会观、生态观出发,探索了适合中国国情及不同地域、不同文化背景的多元家庭支持模式。当前,努力开展的是多学科跨专业团队的转介与服务机制。

我国教育康复家庭支持从理论到实践均需往纵深发展，尚有许多工作要做。

(七)教育康复家庭支持的具体服务内容

1. 家庭访谈

教师康复师到儿童家中与家长交谈、与家长沟通，了解儿童情况，共谋教康大计。家访含学生入学前、就学中和离校后的家访。家访要有计划、有目的地安排，要守时守信，大方、自然、诚恳，建立家长信心，尊重家长、理解家长、帮助支持家长解决一定的问题。

教育康复的家庭访谈力图了解家庭的基本状况、家庭的教育康复需求以及家庭的心理、家庭的价值取向，对教育康复、对孩子的期望。家访中应对家长的一些问题予以解答，给予孩子教康整合的专业技术技能的指导，提供相关的信息，比如就医、就教、职业培训等，还能通过家访给家长信心；以教育康复的态度引导，对其参与性的肯定，表现专业人员对家长、家庭的关心、理解与支持，同时与家长建立尊重、平等、相互合作的关系；共同面对孩子的困难、障碍，共谋对策和方法。家庭访谈，是教育康复家校合作的一个面向。

2. 家长咨询

家长咨询指特殊儿童家长向教师康复员提出问题，以求解答。而教康人员针对家长的提问应答回馈。教师教康员做家长咨询的目的在于：解决家长在子女教育康复中的疑难问题，帮助家长确立子女教康整合中的正确态度，教给家长教育康复子女的方法与技能，给予家长倾诉的环境、满足家长倾诉的需求。家长来咨询的目的通常是向老师、教康人员了解教育子女的方法技能和正确态度，向教康人员了解自己孩子的学习、康复情况、生活情况，了解学校的教育康复内容、计划、目标，以便督促、协助、修正并参与教育计划的执行。家长在咨询服务中还可向教康人员表达自己对孩子的态度、情感希望并求得心理上孩子教育康复中来自教康人员的关心、理解与支持。

教育康复家长咨询服务运作广泛且频度很高。在针对教育康复相关问题时,家长最急切的是为什么要做、做什么,尤其是怎么做及做得怎样的问题。而其中存在的最大困惑是:缺乏判断适当的教育康复资源和判断孩子学习、康复重点的问题。由于教育康复的资源不足,或资源信息的杂陈,家长存在病急乱投医的现象。

因此,在教育康复的咨询服务中,教师康复师很有必要对家长讲清楚某类儿童的教育训练的基本原理原则,比如脑瘫儿童的动作训练、自闭症儿童的行为训练等。家长若没有对教育康复原理原则的了解和认知,则会出现盲目追风、出现何种药物办法均一一尝试,而导致巨额花费或滋生更多更严重问题的后果,或因不堪重负而放弃疗育。

此外,因教育康复内容较为复杂,孩子在不同的发展阶段有不同的教育康复重点。由于不同的障碍类别和不同的障碍程度,有不同的需求,家长常常处在孩子的教育与康复孰轻孰重的两难当中,因此,教师、康复师的建议和指导就很重要了。比如,建议家长对年龄较小的脑瘫儿童以发展大动作为主,为进入课业作准备;对能力较好的脑瘫儿童,至少训练到行走基本无异常姿势,同时还应抽出适量时间进行训练;对能力较差的脑瘫儿童,年龄较小时尽量以动作发展为主,年龄较大时再入学校,同时发展语言认知等能力。对于聋儿在年龄较小时,助听器的验配、集中强化的语训当为教育重点。

教育康复家长咨询除判断、选择、决定教育重点外,还有诸多来自生活、学习、工作,以及学校、家庭、社区的问题。教育康复人员要有较高修养、足够的专业知识与能力,要准确掌握班级及每个学生的教育康复情况及多种教育康复策略及方法。同时熟练运用咨询服务的知识与技能,以关怀、坦诚之心,采用适当的咨询服务方式,开展有效的健康咨询服务。

3. 家长培训

家长培训主要指由学校机构组织,由教师、康复师主持,对家长作有关正确对待孩子的方法及教育康复措施与方法的专门训练。家长培训就是对家长的教育和训练,家长培训目的在于支持家长,促进家长成长。因教育康复有许多新知新能,家长培训显得更加重要与迫切。

对家长进行教育康复培训的意义在于让家长建立正确的家庭教育态度。家长要学习并获得教育康复相关态度、知识、能力，主动配合学校开展较为有效的教育康复家庭活动，从而增强对子女进行教育康复的能力与信心，促进亲子关系，密切家庭成员的关系，建立家庭与学校、家长与康复人员之间的支持与合作关系。

家长培训的内容选择主要包含：儿童生长发育基本技能、家长的自身需求、教育康复基本技能、家长较为欠缺的家庭教育康复中突然或阶段性发生的亟待解决的问题。

对家长做教育康复培训应该心中有数，有目的地拟订培训计划。一般情况下，培训计划包括培训内容选择，其遵循的原则是，最需解决的问题放在第一顺位。尽量估计大多数家长的需要，设置培训内容，在培训内容中家长的态度应放在重要位置。比如：家长对孩子的尊重、平等，能正确理解和对待孩子，对孩子负责任，有要求有支持，家长以身作则。家庭教育贵在坚持，注重现场情景的家庭生态化教育康复，注重对孩子行为习惯、健康人格的培养。父母和家庭成员对孩子的要求要一致。家庭教育康复要有创意并给孩子成功的机会与体验。同时要有面对困难和障碍的准备与行为。

家庭支持中教康人员的专业知识转移传递应该是无保留、不自私的，"要把精诚度予人"真心实意地用专业服务于家庭和家长。而家长在学习与自己孩子相关的专业知识时需要真诚、勤学、勤用。这是教康人员与家长、家庭共同成长的历程，构成了教育康复家庭支持日常培训的教学双方基础关系。

教育康复家长培训还要有时间的安排和培训形式选择，可以拟出一学年或一学期一个月家长培训时间表。有时间、地点、主讲人、主持人、主题等的考虑与安排。教育康复家长培训有讲授式、互动式、集体式、小组式、个别式。又鉴于教育康复的实用性强，常采用案例分享，现场个案评估、讨论、拟订计划，实施现场实作点评、再评的临场培训模式。专业人员、家长、学生、社会工作者、义工等共同参与培训。

为方便家长培训工作的开展，编订教育康复家长培训手册也是很有必要的。家长培训手册可使家长有指引、有方向、有实际的操作依循。家长手册编制应简便易行直观形象、可操作、宜运用、能推行，突出家庭环境及区域性环境等原则。家庭培训手册内容涉及广泛，有教育康复态度的培训，对特殊儿童基本权利、就医、就学、就业的相关法规、相关政府机构、服务组织（公办、民办）的介绍，对特殊儿童身心特点、卫生保健、教育康复知识、技能技术的传授，同时还有家长之间的合作、互动与交流。

4.家长会

这里专指由教师康复人员（班级）召集所在班级学生家长来参加的会议，一般分定期和临时会议，比如一月一次的例会和因特殊情况召开的临时会议。

家长会的目的和家庭访谈、家长咨询有相似之处。家访和家长咨询是教师面对一个家长，家长会则是教师康复人员面对一群家长，其目的有：密切教康人员与家长的关系，增加交流，共商教育大计，教康人员向家长介绍教学情况、安排、希望及要求，介绍班级状况，对家长开展咨询服务，听取家长意见以及对教育康复的建议和要求。家长向学校、机构、班级介绍自己孩子在家中的情况，家长督促教康人员完善班级工作。教康人员通报教育、康复中亟待解决的问题。开会应于三天前通知，便于家长准备安排；主持会议的教康人员应以诚恳、耐心、广泛征求意见的态度召开会议；家长也秉持诚恳、实事求是的态度参会。家长会要做好记录，问题及时作答、当场解决部分问题，或拿出解决意见。家长会要注意各位家长的情绪变化及对教育的评价倾向。家长会后需认真分析，对每位家长的意见均应有回答和回馈，给出处理方案以及处理的时间、过程、结果。

5.家长组织

家长组织是家长集合起来，抱团取暖，为孩子的权利和发展形成的集体。家长组织的意义在于加强家长之间相互联系、交流，相互支持帮助。家长组织能增进家长与教康人员和学校的联系；家长组织还能促进家长与社会的联系，向社会呼吁获得帮助与支持；家长组织可以促进班级教师及学校工作,定期对教师、康复师工作进行评议。家长组织有家长团体、家长会、家长小组。家长组织可能由校方政府出面组建,也可由家长自己组建。我国现有残疾人联合会组织的智力残疾儿童亲友会,也有由某校某机构出面组织的家长团队。现有各地家长出面组织的如自闭症儿童家长会、脑瘫儿童家长会等。各类家长组织均有该家长组织的组织者,有明确的任务分工,并且开展相关活动。目前我国各类家长组织正日益成熟,表达着特殊儿童及家长的诉求,且提供着社会服务。

四、教育康复社区支持

(一)我国的社区康复服务

教育康复社区支持工作在我国称为社区康复服务。我国的社区康复1986~1990年为起步阶段,在"七五"期间开展白内障、小儿麻痹后遗症手术治疗、聋儿语训,称为三项康复。民政部倡导在城市开展社区服务,中国残联的"三康"为社区康复奠定了基础。1990~1995年国家制定《中国残疾人事业"八五"计划纲要》《社区康复实施方案》,提出推广社区康复、扩大社区康复实验点,在全国62个县(区)进行社区康复示范工作,在"三康"基础上增加了低视力康复、精神病防治与康复、智力残疾预防与康复、残疾人用品用具提供服务等。1991年进行了社区康复立法,有了法律保障。1996~2000年"九五"期间,《残疾人事业发展纲要》确定了康复工作目标,建立社会化康复体系,以社区和家庭为重点广泛开展康复训练,提出社区康复体系中为残疾儿童提供系统康复训练。2000~2009年,社区康复多元化发展进入"十五"和"十一五"期间,提出2015年人人享有康复,社区康复上了新台阶,在原有基础上增设了康复协调员,让残疾人进入工作岗位。社区康复"十二五"规划期间,全国纷纷建立社区阳光之家,提供智障成人日间服务,增设就业辅导员岗位提供残疾人就业指导,开拓残疾人就业机会;各级地方残联启动并执行脑瘫儿童、自闭症等儿童的抢救性康复项目,由各公办、民间机构合作执行。近年来对康复员、康复协调员、职业辅导员、教师等的各级各类培训已成为日常工作。

同时,对用品用具、科技辅具的开发运用有了更深入、广泛的开展。目前《十三五规划》提出"加快残疾人小康进程"帮助残疾人与全国人民共建共享全面建成小康社会,重点任务聚焦农村,提出"精准扶贫""生活更殷实、更有尊严"。提升专业化服务水平。重点政策实行最低生活保障制度,困难残疾人生活补贴,残疾儿童康复救助,基本型辅助器具补贴,家庭无障碍环境改造,信息消费支持,实施阳光家园抚养服务,进行生活自理、社会适应能力训练,职业康复,劳动技能培训,辅助性就业服务。

(二)社区康复的特点与原则

1. 社区康复的特点

我国社区康复的特点表现在管理方式社会化,政府领导、多部门参与,以大型康复机构为主导(如中残联康复中心、各省市康复中心),以社区康复机构为基础、家庭康复为依托的全覆盖格局,同时发扬非政府个人力量和社会力量的支持服务。社区服务层面多服务面广,不止于城市而且遍及广大农村。服务对象广阔,含残疾人(儿童、成人)、老人、慢性病人,重视残疾人主动参与。技术支持系统是建立资源中心,成立专家指导、转介服务。教育及康复训练就地就近取材,突出生态化特点,收到较好效果与效益。

2. 社区康复原则及评估

(1)社区康复原则

社区康复主要遵循以社区为主,低成本、广覆盖、因地制宜、技术适用、教育康复对象主动参与等原则。

(2)社区康复评估

为确保社区教育康复的品质,评估是必要的途径。我国针对社区教育康复目标、过程和效果进行评估,制定了一系列的评估标准。注意评估的相关性、有效性、持久性,采用自评、互评、上级评、外界评,作出整体评估,采用定量分析与定性分析相结合、资料分析与考察相结合,从教育康复管理、实施过程、社会效益、康复效果等角度进行评估。

(三)各级康复站的建设

1. 省市康复中心建设与社区家庭支持服务

特殊儿童教育康复工作除医疗机构服务外,从康复角度看政府交付残疾人联合会系统承担,中国残疾人联合会建立了中国聋儿康复中心,简称"中聋康",又有以康复为中心的博爱医院。各省市均由残联建立了康复中心或站点。我国省市康复站的主要任务是为特殊儿童及家庭提供教育康复服务,同时具有资源中心作用,又是当地教育康复人员培训中心、教育康复器材开发供应之地、鉴定中心、信息咨询中心,教育康复指导中心是教康兼容机构。

2. 县乡农村康复站的建立与社区家庭支持

中国残疾人联合会明确规定了县级康复站五项标准,县乡康复应为区域内特殊儿童建立康复档案,拟订康复训练计划,实施康复。但县级康复站只有少数儿童能进入,多数儿童因居住地离县城远,不能到康复站接受康复。因而,县乡一级康复工作进入幼儿园、小学、家庭成为解决问题的举措。

(四)社区家庭综合模式

基于社区取向的基本概念,残疾人属于社会公民,属于他们的家庭成员。家庭对其家庭成员有责任,同时社区对残疾人也有责任。社区需对残疾人开放,接纳成为自然而然的工作方法,要确保社区空间、活动、服务和人力资源让残疾人使用。

1. 关于社区资源

面对残疾儿童应寻求有助于儿童发展的资源,尤其是本地资源。教育资源有幼儿园、学校、康复站、教师;家庭资源有家长、亲戚、邻居、朋友;社区资源有地方残联、社区组织、福利服务机构、医疗诊所等。其中家庭、父母是对孩子的发展肩负着最基本责任的人,亲戚帮助并分担一份抚养孩子的责任。还有邻居,融洽的关系常让他们对这个熟识的孩子负有一份责任感。教育作为服务部分存在于社区中,支持性教育成为残疾儿童享受社区教育资源的必要因素。公共服务为公共福利而设,一个社区有官方、民间组织,这样会发现对孩子有责任感,愿意与他们分享经历的人。社区还有比如康复、社会服务、医疗、义工等一系列的服务。我们需做更多的工作来发现、发掘这些有利的资源。

2.个人计划

以生活质量为导向、社区家庭为基础的综合康复模式,关键在于个别化计划。

3.计划的制订

依据儿童需求、生活环境中的活动和可提供服务支持的人、事来拟订计划,计划中还应有评估的设计。

4.宣传

要把教育康复模式推广,就要把它介绍给相关的人,比如家庭成员、教师和康复训练人员及社区居民代表,他们都为残疾儿童日常生活作出了贡献。

(五)实施社区家庭支持

社区家庭支持指学校、康复机构在社区引导下自然地对特殊儿童家庭提供的支持。家庭和儿童将得到家庭成员、亲属、朋友、同学、老师、康复员、社区居民的帮助。支持对象,一为特殊儿童,二为家庭。目的在于帮助儿童融入家庭、学校、社区生活。

1.形成政府引导的支持型社区,建立社区服务项目

(1)在县、乡建立康复协会或学校、机构,开展社区服务、家庭服务

比如:陕西洛南县成立智障人参加的康复协会及残疾儿童康复学校;山西原平大牛镇神山四村创办智障儿童培训班,并为不能进入机构的智障儿童建立家庭训练点。这是在县、乡建立康复协会或学校、机构,开展社区服务、家庭服务的一些范例。各县乡还设有卫生和康复员协助开展工作。

(2)开展工作

从以下几个方面开展工作:①家庭调查(家访、家庭需求调查、家庭环

境生活调查);②教育安置(选择、编制家庭教育课程文本,家长参与个别化康复和家庭教育计划的拟订);③社区资源开发利用。充分运用社区人力资源,比如教师、医生,物的资源,如场地、企业投资、国内外援助、完善康复网络,以及教具学具、康复设施设备等。

(3)得到支持

只有社区、家庭支持系统在运作中效果良好,才能得到家长、教师康复人员、社区居民的参与好评,形成良性循环。

2.形成民间社区家庭支持服务

民间服务机构正以丰富的形式、鲜明的个性进入特殊儿童教育康复领域,成为不可或缺的新生力量,获得了社会的理解支持,并为特殊儿童家庭及特殊儿童、为优化社会创建和谐贡献力量。

3.现有的家庭家长支持

现有的家长支持服务形式有家长咨询服务、家庭访谈、家长会、家长培训、家长组织等。

第二节 教育康复整合课程形成的基本策略

一、工作分析

人的生活、工作、学习由很多活动、工作构成。课程编制过程实际上就是不断进行工作分析与环境分析的过程。工作分析与环境分析多有交叠,此处着重从工作分析角度谈及。

(一)工作分析所指

工作分析指对某一技能或工作(整体工作目标)依其顺序和构成所作的分析和分解(分为小阶段、小步骤、小目标),通过教学策略实施,进行多目标及最后目标的评量,至整体工作完成。是化整为零、化繁为简,再化零为整、综合分析、评量的工作。也是一种教育训练方法,分析评量项目与课程内容一致。

工作有大小之分,有宏观与微观之别。工作大到"培养德、智、体、美全面发展的新一代",小至"学生会自己吃饭",于是我们有了结果导向的目标模式和形成性生态导向的过程模式课程编制,也有了目标分类学的多类别目标、多层次目标形成的目标结构系统。这些行之有效的策略的核心思路源于工作分析。

(二)工作分析的一般性运用

1. 运用工作分析法

(1)工作分析法运用范围

工作分析法运用主要基于两种情况,一是复杂的工作,二是学习者感到困难的工作。当然,工作的复杂和困难程度因人而异。对一般儿童而言,工作分析法应用于普遍认为较复杂的或困难的工作上面,比如安装收音机、烹饪等。对特殊儿童而言,工作分析法应用就更广泛,因为他们认为复杂和困难的工作会更多些。如,聋儿语训需很细致的工作分析,智障儿童则需全方位的工作分析。从感知训练到生活自理、社会适应,常要依靠工作分析而获益。

(2)工作分析法较适宜的活动

工作分析法常用于操作性强的活动,比如生活自理技能、社区使用技能等,同时也可用于基本知识传授和部分情意教育。

2. 工作分析维度

工作维度常依具体工作而定,主要有以下维度。

(1)工作顺序分析

依达到最后目标的工作而定,如对"穿短帮便鞋"训练工作的顺序分析:

- 鞋口向上,鞋底平放在地上
- 鞋头向前,鞋跟靠近身体
- 左右放好,鞋拱向中央,鞋扣在外侧
- 双手拇指和食指外侧握鞋口两边提,脚入鞋口
- 用食指插入鞋跟向外拉开;脚尖向前伸至鞋头

- 配合食指勾着鞋跟向上拉动作,脚跟踩入鞋跟

(2)工作构成分析

如"饮食"训练的工作分析:

- 学生能咀嚼和吞咽食物
- 学生能自己拿食物吃
- 学生会自己喝饮料
- 学生会自己用餐具取食
- 学生会做饭前准备和饭后收拾
- 学生能有适当的用餐习惯

(3)工作水平分析

如"掌握10以内减法"工作分析:

- 会3以内实物减法
- 会5以内实物减法
- 会10以内实物减法

3. 工作分析包含的要素

工作分析包含着目标、内容、方法、过程、评量五大要素。

目标:明确某项工作的总目标。比如洗脸,工作的总目标是自己能主动去洗脸、会洗脸。

内容:工作由许多具体内容组织而成。洗脸这一工作需要帕子、面盆、水、香皂等,要学习用盆盛水,掌握用水量、调节水温,将帕子浸湿、拧干,在面部擦拭,倒水后,帕子、盆子归回原处等工作内容,工作内容也是工作的细小步骤,称为工作小目标、小项目。

过程:工作的完成是依序进行的,有开始、展开和结束几个阶段。工作内容的开始至结束的动态系统就是工作全过程。

方法:工作过程运用何种方法,比如:别人手把手教,全协助、半协助、口头提示、模仿、集体练习、自己尝试等等,来完成工作内容的过程。

评量:工作分析的内容、形成的小目标,在教学前、中、后均应有评量以保证教学有始终,有可靠的依据。

4.工作分析法运用步骤

(1)确定工作最后目标

确定工作最后目标,实际上是指对什么活动做工作分析,这在教学活动一开始就应明确。

工作分析的原则是:工作目标需要明确,整个工作分析才能良好进行。应注意,工作目标不能太泛、太宽,要有一定限制。生活自理训练,作为工作分析的大目标就显得空泛,不好把握,将生活自理训练分为盥洗、如厕、衣着、整饰、饮食等。列为工作分析目标,就显得切近、明确、易于入手得多。

(2)分析工作最后目标(活动)

工作分析依据有四点。第一,分析工作本身。工作分析的首要依据是工作本身,比如:"扫地"工作分析,主要针对此项工作分析,不是针对学习者而作。第二,看专家操作。其目的是使工作分析更准确,专门人员在此项操作上标准、纯熟,可以以正确顺序记下所有步骤。比如:骑三轮车、织毛线等。第三,自己操作。教师可以将该项工作,有意识地亲自操作。仔细分析各步骤,做好记录。第四,联系学生实际,依其需求做工作分析,针对盲生的准时进教室作"听到铃声"训练,而针对聋生来说则是"看时钟,看灯光提示"。

选择工作分析维度。按目标(活动)的性质,确定是按顺序分析还是按活动构成分析,是作水平分析还是取综合的分析。维度选择,决定了工作分析呈现的形式。

(3)排列目标(活动)序列、梯次

在对活动本身进行分析,并在选择了分析维度的基础上,便要将最后目标化整为零分解成小目标、小步骤,并排列前后梯次。

梯次排列(项目排列)原则是:第一,依工作本身自然构成梯次,由易到难,由简单到复杂,如"穿短帮便鞋"的工作梯次排列。第二,依技能形成过程的规律由基础到高层次,如"饮食训练"咀嚼吞咽食物的最基本的技能是基础,故排在最前;"做饭前准备和饭后收拾""适当的用餐习惯"是

特殊教育班级管理与教学研究

对饮食品质的要求,是高一层次的、更复杂、难度更大的训练,故排在最后。第三,了解学生需求及水平,决定梯次排列跨度。一般情况下正常儿童工作分析序阶、梯次,排列跨度可大些,特殊儿童教育工作分析应该细密、跨度小些。

各梯次(项目)排列之后,应对所列项目有整体检核,可以从以下方面考虑:项目设置是否遵循了工作本身的逻辑顺序;项目排列是否按序阶、递次、因果联系、易、难、低、高排定;项目间有无遗漏关键和重要的步骤;项目是否过于琐碎、繁杂,有无可以删除的多余项目;项目跨度是否合乎自己学生的实际需求;各分项目与最后目标的联系是否紧密,有无整体感受。

(4)叙写项目(目标)

决定了项目的排列与分布后,需要有对项目的表述,即项目叙写。项目叙写首先应可观察,尽量将目标以外显动作描述出来,如"跳三十厘米远""说出三种动物名称"。项目叙写要可评量,一般能够观察的目标比较好评量。目标叙写尽量能反映怎样做,比如:鞋带打结训练第一步"将叠在上面的鞋带末端绕过另一边鞋绳,并穿过有洞的位置等"。

(5)设置评量

工作分析的内容是训练、学习的内容,是我们对教育情况评量的内容。工作分析研究的同时,教师评量也在进行。为强化工作分析的评量功能,应该在每个分项目标之后设置评量栏,便于学生和教师及时、准确掌握情况。

设置检核评量栏的目的,是在教学过程中能及时记下学生的学习情况,找到学生学习困难之处,确定教学起点和内容,决定某阶段的学习目标。设置检核评量栏的同时,应有评量标准的拟订,便于评量进行。

(6)实施教学

首先,实施教学前先对学生作一教育诊断(按拟出的评量检核),据此设计教学活动。其次,按教学活动设计、运用教学法。

常用的教学法有顺序法和倒序法,又称为正向连锁法和反向连锁法。

顺序法指按工作顺序,学生先做第一步,教师则完成后面步骤,学生一步一步学习,直至达到最后目标。倒序法则指教师操作前面步骤,将最后一步让儿童完成,以后递次倒着前推两步、三步,让学生完成。最后让学生独立完成全部工作,这种方法是为了给学生一个完成了全部工作的感觉,增加他的信心,比如教师协助穿好了衣服,将最后一步"拉好衣边、衣角"留给学生做,学生做了就赞扬他:"衣服穿好了,真棒!"学生会认为,自己在整个穿衣过程中有很成功的表现。

(三)运用工作分析形成课程整体结构

依据树枝状工学分析模式,结合课程编制中的目标体系,按教育目的→培养目标→课程目标→教学目标搭建课程整体结构。

(四)运用工作分析形成具体的教学目标

以"会洗手"为目标做工作分析与评量如下表所示。

	教学目标	检核评量				
1	打开水龙头					
2	将水量调至适当					
3	卷起袖子					
4	将手伸至水龙头下打湿					
5	将肥皂、洗手液涂到手上					
6	搓手心、手背、手指缝					
7	冲洗手					
8	关水龙头					
9	擦干手					

(五)整合工作分析、形成个别化教育课程

工作分析是指解读、运用课程的思维脉络,让我们理清课程各项的平行关系及隶属关系,充分运用课程评量进行教育诊断,拟订个别化教育计划、设计、实施教学活动。

工作分析是开发个别化教育课程的必备能力,工作分析帮助我们对整体性大目标的确立与建构,工作分析存在于生活活动的所有情景与情节当中,特教课程设置、目标、建议需教师与家长、学生在最真切的活动、互动中分析,形成更为可靠有效的教学内容、方法,即个别化教育课程。

(六)工作分析思路下更专门化、专业化的课程形成

工作分析思路的整体观下的层层分解可以从某一活动或工作出发引出更扩展、更深入细致的专门化和专业化课程,如粗大动作、姿势控制(头部控制、坐姿、站姿、跪姿、蹲姿控制)、移动力(翻滚、四肢爬行、跪行、臀行、走、上下楼、跑、跳)。在动作训练课程中再细化为头直立、双手支撑、侧翻身、一手支撑坐、坐、坐立起、四点爬姿、爬行、高跪、跪走、半跪,交替半跪、行走、半跪站立起、双脚跳、蹲走、单脚站、蹲跳、单脚跳,分出头颈控制、躯干控制、上肢控制、骨盆控制、下肢控制五阶段。

二、环境分析

(一)环境分析释义

将人置于其生活、工作、学习环境中,呈现人与环境的互动状态而生成教育内容、支持系统等。

(二)环境分析特点

1. 从尊重生命的人生观、价值观着眼

环境生态课程从回望过往、面对当下、开创未来的真实生活着手,特殊教育环境生态课程在思考、在心领神会当中凝聚对人生的理解,特殊需求儿童是我们的良师,让我们看到丰富多彩、多样态生命表达。特殊教育教师深知特殊教育在更广阔的层面做恢宏人性的努力,只有秉承对生命尊重的人生观、价值观,根植在真实生活、情景中形成的生态课程具体、生动、鲜活,带着旺盛的生命活力,这才是直达心灵、深入生活的课程,这是树立理想、实践理想的课程。

2. 从人与环境关系切入的量身定做的个别化课程

环境生态课程将学生置于他的生活环境中,真切分析人与环境之间的关系,环境对学生的影响,人对环境的认知、理解、运用,从而生成属于

"这一个"的教育内容、教育目标。课程评量、设计等均来源于、服务于人的现实生活需求,是量身定做的高度个别化的课程。

3. 形成性、现场性课程

(1)形成性课程

特殊教育环境生态课程是形成性课程,形成性课程以预设性课程为基础,有对预设性课程运作、实践的经验,深谙其中的利弊、短长。形成性课程在教育观、宏观教育目的引领下,突破预设教学目标,预编固定教材,预定教学设计和评量,教学全程均由教师主宰和操控。生态化形成性课程的编制者是教师与学生,教学目标、教学内容经教师与学生在讨论、在聊天、在活动当中互动生成。教材和教具、学具多由生活中、活动中的相关人、事、物构成,是活教材、活教具,能即时编排、即时运用、增删。

(2)现场性

教学环境是真实的家庭生活、社区生活、学校生活,教学时间与空间尊重自然时间表和日常生活的常态活动。极具现场性、真实、直观、情景性强使在教学(或活动)中教师与学生(人与人)之间的互动、应答,有智慧、有追问、有情感、有气息、有温度。具形成性、现场性的环境生态课程的动态、弹性、灵活,因时、因地、因人、因情景而调整。

(3)师生共同经历

环境生态课程的形成可能不在计划内,而在生活当中,生活本身牵着课程走。比如:百年不遇的水灾,突发的大地震,是所有计划都无法做到的,但在生活中发生了,此内容就应立即纳入教学活动当中,暂停原计划的内容。

环境生态课程是师生共同经历、经验的课程。比如当抗灾、救灾进入课程中,师生共同关心灾情,通过电视、报纸、新闻共同收集资料,讨论如何参与、捐物、捐钱、腾出房屋让灾民入住、参与慰问灾民的社区活动,听解放军讲救灾的故事,进行灾后重建的宣传工作、义务劳动等。师生在共同经历紧张、担心、关心关怀、激动、感动、行动当中,经历着成长,经历着生活本身。环境生态课程在探索中向生活学习,善于不断总结、不断修订,在吸收中汲取、在分辨中扬弃。

(4)可持续发展

环境生态课程带来可持续性发展,师生共同建构知识课程具体至一节课,也有一天的教学生活,更有月月年年,假以时日对学生一生的关注,既有对学前的教育、康复,学龄的适应性,职业、成人的教育、工作、生活、医疗等的关注,又有对学生在学校的生活,还有针对他的家庭、社区生活的关注,这是有阶段性还有连续性的生活本身。生态课程相信,开始是旧的结束,结束是新的开始,连缀这一切的是永续不断、生生不息的生活与生命。

(5)顺应生活与自然

环境生态教育课程顺应生活、生命中的自然性,追求真善美。生命生活在一种自然状态里形成发展,有真实和实质性,有基本规律,具有潜能和生命力,是先天和后天结合的自由的美的表达。教育只可顺应,不可悖逆。其一,生态课程尊重学生个性特点和个别化教育需求,尊重学生的兴趣、爱好,允许学生从自己起点出发,按自己的学习速度、学习风格,采用自己的学习方法表达自己的学习目标。教育中首先接纳学生的一切,对学生一般问题,不作快速、强力改变,顺势利导、点滴积累、形成习惯。该课程认为教育不是让学生按预设模式生长,而是会心地看到他成为他自己。其二,在教学环境上环境生态课程主张在哪里用就在哪里教,何时用就何时教,教学内容与学生的生活经验、生活环境紧密相关,教材教具教学资源生活化,而真实或模拟情景教学成为该课程的首选。其三,该课程在对待外部世界时,相信自然界是一个循环系统,万物生于斯、长于斯、归于斯。遵循自然法则。故而提倡生活、教育中珍惜、节俭、纯朴、资源回收、再利用,生态课程希望看到人性回归促进教学与师生日常生活的交融亲近,且能感受自然美、人心人情美,并追求美、表达美、创造美,教学成为师生生活的部分,生命的部分。

4.充满智慧的课程

环境生态课程灵活而有弹性,处处充满智慧。环境生态课程敏锐地感知生活并有正确的判断与选择。面对障碍和困难,不会轻易退缩,也不会鲁莽行事,而是观察、分辨、抉择之后对应其规律特点或顺应或改变或调整。环境生态课程的一大特点在于不断产生解决问题的策略和方法,用生活智慧、学习及工作智慧去面对多种问题,化解种种矛盾,获得生活中人与人、人与环境的沟通、合作、平衡、协调,获得和谐、幸福的美好生活及人生。

5.创造且丰富、建构支持系统

（1）创造且丰富教学和生活

特殊教育常落入"特殊学生学会一般生活就不错了"的俗套,形成生活的创造性、丰富性与这些学生无太大关系的刻板印象。由于对特殊教育课程误读,而出现教育停留在知识、技能的传授,停留在对生活的简单刻录与拷贝,其后整个教学与生活在大量简略中凝滞,日复一日,厌教厌学使师生身心疲惫,思维固化。特殊教育环境生态课程植根生活,师生双方在生活中的学习,核心是创造。其一,他不会仅作生活的纯模仿,而是用自己的眼、耳、鼻、舌、身感知、观察生活,用自己的知识经验通过头脑去选择、理解生活,用自己的心灵与感悟,表达创造自己的生活；其二,环境生态课程不满足于教学及生活停留在一个水平上,在创造中求变、求新,不断丰富、进步。比如江津向阳儿童中心师生为奥运会所感动,师生共同讨论出举办"向阳运动会"。这一主题使学校、家庭、社区都行动起来,这一主题整合了向阳每一天的教学和生活。从收集奥运会标志,自己喜爱的运动项目,喜爱的运动员照片,制作剪报、墙报、纪念册,讨论向阳运动会从项目设置、程序、规模、时间地点、参加人员,到分出运动项目组,设计开闭幕式,对外联络等小组。学生自愿报名参加各组别,并选择自己喜爱的运动项目。而后向阳运动会在市体育场举办,庄严的出场式,"农庄之梦"的表演,所有学生参与的独具特色的比赛,激动人心的领奖仪式,在这里教与学的智慧冲决一切障碍与束缚。自由、奔放,创造使丰富的生活之门洞开,教学与生活走出了简单重复,变得五光十色、兴味盎然,师生们收获了自信,对生活充满了希望与乐趣。师生在属于自己的向阳运动会上,享受属于自己的快乐、美好的生活。

从来教师是教室的权威,发展到极致是教室的统治者。学生是受制者,被统治者。教师是知识的代言人,是知识的传授者;学生是知识的接受者。而师生双方均在教科书所呈现的知识范围内经教师先行加工后传给学生,形成所谓的教与学。教学双方均处于被动状态。教师很少过问我为什么要教这些内容而不是其他?学生也绝少质疑我为什么要学这些而不是其他?被动的教与学远离生活,双方均受伤害。特殊教育生态课程中师生是平等的,相互尊重的互动、和谐关系。教师是组织者、引导者、协调者、答疑者、倾听者。教与学是师生共同主动地感知、理解、创造、协商知识、建构知识,"协商"本着民主、自由、尊重,提出问题经沟通、讨论、各抒己见进而解决问题。"建构"意味新知建立在旧识基础上。学生知识获得过程有老师、同学的支持协助、提示,学生能主动发现和主动学习,教学结构发生改变,伴随教师观、学生观、教学观的更新,引发了学生合作学习,教师协同教学,引发了综合的教学活动,创造性教学的开展。

(2)建构支持系统

互动与支持则是特殊教育教学达致协调、有效的关键。特殊教育生态课程力图让师生间、学生间、教师间、师生与环境形成含自我支持、自然支持的支持系统。其中自然支持系统充分发挥其生态环境里的人、事、物的迅捷、深广、自然性与亲近性,自我支持是支持的核心,在提升特殊需求者生命生活质量的同时,追求教育及社会和谐理想的实现。

6. 与家庭生活及广泛的社区(会)生活联系

环境生态课程认为学校—家庭—社会的生活链是相通、互动、循环、交融的协调关系。学校作为生活链中的一环,不可与家庭、社会生活疏离、隔绝。生态课程要协调家庭教育,进入家庭教育。环境生态课程的社区(会)化特点,使教学场景进入社区,教学内容比如购物、付款、结账等反映社区生活。教材取自社区如:社区的红绿灯交通标志、人行横道斑马线。社区学习中售货员、交通警察、医生成为教师,而学校教师、学生则走出学校,发展对社会生活的观察力、敏锐力,发展理解协调及社会交往能力。

7. 在讨论选择中形成的自我引导课程

培养学生自我引导能力是特殊教育环境生态课程追求的境界。环境生态课程尽量避免有意无意剥夺学生自我决定权利的越俎代庖式教育,给学生大量选择机会:吃水果时让学生在苹果、梨当中挑选,画画时准备铅笔、蜡笔、水彩笔让学生选一种使用。同时多有讨论,春游去何处同学们讨论决定,教室常规同学们协商执行。从小处着手,让学生在自我判断、自我决定、自我表达中感受到自我掌控的过程和结果,逐步形成对自己选择负责任的自我调控和自我尊重,学生能坚持完成那些应该做、必须做但有困难的事,而不做那些想做但不能做的事,能延迟可以做但现在条件不允许的事。这种予以充分授权,导向自我和谐,与环境和谐,尊重特殊儿童自我发展的课程表现了特殊教育的新思维和新行动。

(三)环境分析分类

1. 进行环境分析

生态课程重视人与环境的关系,一方面人在环境中生活,故要适应环境。同时环境会影响人、服务人,所以环境要调整、建设。生态课程的形成,离不开对环境的依赖,对环境的认知、理解和运用与融合。环境分析观念与技术,成为生态课程形成性建构的保证。本文从环境层次构成,环境范围构成,环境对人的影响作用,环境以及对应的活动等角度,进行了环境分析。

2. 多元环境分类

以环境性质分为自然环境和社会环境以及两环境综合;以环境的大小分为宏观、中观、微观环境;以环境的范围分为家庭、学校、社会环境;依环境时态有过去、现在(目前)与未来环境;依生涯发展来看有早期生活环境、义务教育阶段、职业教育环境、成人生活环境;顺序性环境,一日生活环境,教室环境,课堂教学环境(解题、答题、作业练习等环境)。而人与环境的基本关系结构是:某人/何时/何地/与谁在一起/做什么/怎么做/做得怎样/从生态课程角度,则应据此给出教育建议。

(四)环境分析课程

我们可以通过一日活动分析,了解学生生活,形成生态课程。人的生活在日积月累当中度过,一天一天,一月一月,一年一年,是生活构成的单位时间,故对学生一日活动进行分析和调整,实则是与该学生一起经历、创造生活,对一日活动分析可以时间为序,可以空间为序,也可以活动为序进行。生态课程的形成主要经过如下流程:

确立个案→分析个案的生活环境(家庭、学校、社区/人、事、物多元分析)→呈现个案在某环境中的互动状态→形成教学目标内容→在该环境中形成支持系统→执行教学。

1. 课程设置项目

"孩子与谁""何时何地""做什么""怎么做""做得怎样",即了解学生与何人在具体的时空从事什么活动,并了解是如何做的,要求多次观察学生在此环境、场合下的行为后再做文字记录,记录尽量准确、精练。这几个栏目联系在一起,既了解学生在常态环境下进行日常活动时,现场真实行为表现,又弥补了诸多课程评量,只给等级分值,缺乏对学生本人在此环境下的行为表述,对行为环境了解不足。

"与同龄人比较"为评量栏,承接前项,作用在于将学生在一定环境中的行为表现作等级评量,参照系是同龄人,分为"好""一般""差"三个等级,以反映学生目前行为在儿童群体中的水平。"建议做法"寻找教育策略与建议。"可提供的支持"呈现支持措施,建立支持系统。

2.一日活动生态课程形成实例

(1)以时间为序的一日活动分析

学生：×××　　　　班级：　　　　性别　　　年龄：

孩子与谁	何时	做什么	怎么做	做得如何好	做得如何一般	做得如何差	现在做法	建议做法	支持
父母	下午4:30	回家	父母接回家,有时带去逛商场。常见啥说啥,手东摸西摸。知道买东西要给钱,爱与人打招呼。				制止,用声音或打他的手	请工作人员制止,让他挑选,帮大人提物,手空闲,让他付款(孩子喜欢)。	商场工作人员父母
	6:00~6:30	回家作业	母亲做晚饭,自己一人写作业,不乱跑。						
父母	6:30~7:00	晚餐	吃饭慢,不爱吃鱼、肉,不停说话。				父母口头提醒或制止	饭菜有变化,父母减少说话,承诺少说快吃后做他高兴的事	父母
父母	7:00~9:00	客厅	打开电视但不爱看,只看广告、气象、武打,反复玩小车或踢球				父母口头说:只会玩这一种就不会玩别的?	家长与他一起玩,做汽车游戏或在讲故事中应答对话或玩奥拓、夏利比赛等。	父母同学
父母	9:00~9:30		洗漱就寝,父母嘱咐,能自己洗漱,就寝自理。						父母

(2)以空间为序的一日活动分析

也可以空间为序作分析,如家庭环境的客厅、盥洗间、卧室、房外走道、餐室、孩子房间、阳台、厨房等进行相关活动的观察、记录。

家庭环境以"客厅"为例的环境分析如下:

客厅是家庭活动的主要场所,人员交汇多、功能多、面积相对大的空间。

主要活动:接待来客,与朋友一起玩,家人、亲友一起摆谈聚会、休闲、娱乐、看电视、整理、清扫、安全教育。

环境要求:充分表现主人的兴趣、爱好和性格,地面平坦、防滑、洁净、通风,有较舒适方便的座椅、茶水等。

教育建议:①家庭客厅往往连接大门,须教孩子防盗、防陌生人等安全教育并教给应对方法。②给孩子接待客人的机会,教他问候打招呼的动作、语言,家长热情接待客人,让孩子学习或让孩子与你一起接待客人。可让孩子主动请小朋友来玩。③一家人在一起除摆谈玩耍外,要有意识地让孩子关照大家,给大家发糖、发水果,并给孩子以表扬,常与孩子一起玩,教给他多一些娱乐方法。④具体活动指导见儿童发展训练相关领域。

(3)以活动为序的一日活动分析

以活动为序的环境分析如从社区环境中到小朋友家玩,过马路、搭公交车、购物、使用文化娱乐场所、使用社区常用公共设施。

第三节 教育康复整合教学活动实施

一、教育康复整合教学的历程

教育康复整合教学实施是一个循序渐进的过程,现有教育康复相加模式,教育康复融入模式,是经历一步步探索形成的。

(一)家长自主获取教育和康复资源

当特殊教育服务和康复服务开展起来,两者各行其是之时,出于对孩子的关心和儿童成长的需要,有条件的家长便对自己的孩子作了接受教育和接受康复的安排,比如,一位学前的特殊儿童家长对孩子的一日安排如下。

7:30~8:00 坐车到幼儿园

9:10~9:40 到医院接受推拿和针灸治疗

9:50~11:30 幼儿园

11:30~12:00 返家

12:00~13:30 在家休闲、午餐

13:30~15:00 午睡

15:30~16:00 接收到宅服务

16:00~17:00 休闲

17:00~18:00 晚餐

18:00~18:30 休闲

18:40~19:00 家长训练

19:00~20:30 休息、准备睡觉

20:30~7:00 睡觉

这是由家长自发地对孩子的教育康复、学校、家庭生活进行的安排,教育康复都有,但相互间缺少沟通交流,专业人员均从自己专业出发进行各行其是的专业干预,家长对教育康复的了解不足,在较为盲目的状况下容易错失孩子某阶段的教育重点和系统性整合服务。

(二)单一模式及拓展

1. 医院

由医院、儿童康复科、儿童保健院,由门诊进入康复治疗,为儿童提供的从康复治疗角度而实施。比如,对脑瘫儿童的针灸、推拿、专门的动作训练等套餐式服务,为期三个月、半年集中密集式的动作治疗,或者每天由动作治疗师提供1~2小时的单训服务。

现部分医院除以上治疗模式外,引入心理、特殊教育人员在康复治疗主模式中对儿童做认知、沟通等单训或集体教学。

2.康复机构

提供专门的动作康复单训、语言单训。现部分康复机构接受政府"抢救性康复"等项目,在单训中加入全日教育,形成教育与单训相加的模式。

3.康复科研机构

为科研积累服务量,主要进行专门的培训服务,以三个月、半年为期限的集中于上午1~2小时或下午半日有家长陪伴儿童,其他时间居家或在普校接受教育。

现部分康复科研机构在儿童单项、单训中加入了单项(如语训)的集体教学形式。且在单项单训中加入了多项集体教学,如参加语言单训康复的儿童一周有进行语文、数学学习的集体学习时间。

单一康复能较为专门深入地对个案某项进行系统训练,专业性强,对某项如动作、语言等的评估、计划、方案均有较严密的内容和实施。能够使个案获得相关专业服务,也有利于相关专业人员的专业练兵和经验积累。但是,由于各专业人员没有与其他专业人员就同一个案的专业沟通,致使一些结点难于突破,训练效果受限。单一康复方式的拓展表现了对该方式的反思,从而有了进步的可能。

(三)教育康复相加的模式

随着特殊教育学校学生由轻度变为中重度和多重障碍儿童,随着康复进入了国家特殊教育课程标准,特殊教育中如何融入康复,每所特殊教育学校均需有所行动,教育康复相加模式是行动的第一步。

特殊教育学校在原有的课程设置中增设康复课程。康复课程一是作为对个案的支持性教学一对一进行;二是教师为全班学生开设集体康复课程。在一日活动中教育课程和康复课程各自独立,形成教育加康复的较为简单的相加模式。此种模式,康复进入了学校、班级、一日活动,是较单一模式的进步,能关注学生部分康复需求,但教育康复之间没有实质性的结合。

(四)教育康复融汇整合教学模式

在教育康复相加模式基础上,有了教育康复融汇整合模式的探讨。

本模式确定一日活动即班级现行的教育教学活动中加入康复目标的活动,如针对某生,康复目标进入点名活动、抽离式个训(单训)、班级教学辅导、感统、艺术调理等课程。本模式还针对不同障碍类别的特殊学生而有相关的教康整合活动选择。脑瘫儿童的动作可有专门的个训,可进入体育活动、日常活动与主题活动当中,自闭症儿童的社交训练可有专门的个训、音乐活动、美术活动、日常活动与主题活动。

此模式将康复目标进入教学活动当中,迈出了教育康复整合建设的一步。这一步,让特殊教育老师与各类康复人员有了真实的交流、融汇。学生有更多的时间、空间,在生活学习中获得教育康复服务。实施过程中有以下几种方式:

第一,康复目标通过个训融入少数教学活动。比如,晨间、体育等活动实施教康整合。

第二,康复目标通过个训融入部分教学活动实施教康整合。

第三,康复目标通过个训及多数教学活动深入实施教康整合。

(五)教育康复整合教学实施案例

下面呈现以提升日常生活沟通功能为目标的语言训练的实例,以此来展示教育康复整合教学。

第一,个案基本资料:

茵茵,女,8岁,脑瘫。身体肌力较低,手脚较为软弱无力,走路容易绊倒,手拿不稳东西,有癫痫史。能认识经常用的物品及相片,呼吸支持较低,不会吹气,唇肌力较低,经常有流口水的现象。除叫"爸、妈、姐"外,暂无其他口语能力。

第二,前测:

语前技能:在游戏、发声中的轮次较弱,专注力、模仿、配对能力较弱。语言理解:理解的名词、动词的词汇量较少,对指令的配合度较低,随意性较强。对指令的执行需要较多的辅助。语言表达:口语表达的词汇量少,仅为几个名称词。

沟通能力:沟通方式以手势动作、发脾气与哭闹以及自己拿取为主,在沟通功能上可以表达需求、表示拒绝、在提示下有简单的社交互动以及少量的传达信息，但缺乏主动的表示情绪、社交互动以及传达信息，沟通意图被动，沟通效度不佳，只有熟悉沟通者以及照顾者可以完全理解，但不熟悉的沟通者只能部分理解。

言语能力：口腔功能较弱，不会模仿圆展交替等口腔动作。唇肌力较低，口腔感知觉能力较低，口腔内壁易沾食物，且不会运用舌头舔出，舌头运动能力较弱，无明显舌尖，易流口水。

第三，康复目标：

增强对常见名词的理解能力，增加理解生活中常见的具体名词（10个，食品类、日常用品类），成功率为80%；增加沟通表达的方式，能用指或要的手势表达需求，成功率为80%；能使用图卡交换或录放型沟通辅具进行第二阶段图沟，成功率为70%；增强口腔功能动作，增强唇肌力，能在非言语状态下，保持唇闭合动作，成功率为70%；增强口腔感知觉，能用舌头将口腔内壁上食物舔出，成功率为70%。

第四，课程安排：

班级教学的辅助，学生在大班上课时，请老师在与该生沟通时，除口语表达外，同时也需要采用图片沟通，学生能够通过选择图片，表达其想法及需求。由于该生还需要积累更多的生活中常见物品的名称，建议班级老师在教学过程中尽量采用真实的教具让学生认识不同的物件。跨专业整合，由于该生的手功能较弱，在上感统课及艺术调理时，请老师训练其手部功能，增加手部的感知觉、肌耐力等。同时，通过体育活动、跑步机等提高其肺活量，增加其呼吸支持能力。

二、教育康复深入整合的课程与教学

（一）教育康复深入整合教学策略

1. 自己培养专业人员，建立专业团队

除了寻求医疗单位专业治疗师的合作外（但目前内地此项资源极稀），机构自己也要从内部积极培养相关专业人才，使之具有物理治疗、作

业治疗、语言治疗等的相关职能,以解决学生所需,一味等待外面所谓合格的治疗师,只会耽误学生的发展,并且拖延自己的专业成长。机构自己追求、累积各领域康复训练的技术与经验,等到当地有足够、合适的治疗师可用时,机构也才可与之对等合作的优质人力。

2. 自己整编有利整合的评估工具

在特约专业治疗人员的督导下,参考大量文献、资料,康复老师共同整编各专业的评估表,如语言评量表、手工评量表、物理治疗评估表等以分析评估每个学生目前的语言、操作、动作的能力及障碍,另外编制一套"专业整合课程对照表"(儿童发展地图),用以统整各领域评量结果,使之整体呈现一个学生各领域的发展现况,由此相关人员(包括学生的家长)能据此综合分析出学生各项能力之间的互动关系,找到该生目前亟需发展的优先领域的优先能力,其他较不亟需领域的目标相对减少。

3. 专业人员务实地培训实际操作人员

由于机构内(或医疗机构)的治疗师没有足够充分的时间训练学生,大部分的教导、训练工作都要委由非该项专业人员执行(如学生的老师、保育员、家长等执行脑瘫学生的动作训练,或执行自闭症学生的感觉统合训练),必须务实地认真对待这个需求,尽可能把执行人员逐步培训成"知其然也知其所以然"的执行者,使他们知道训练的目标和原理,才能正确执行治疗师设计的方法,并且于日常活动中观察、发现学生的问题及时求取解决之道。

过去为了防止非专业人员做错,只培训他们一些表面功夫,例如:如何为脑瘫孩子活动关节、摆位、协助移动等,使非专业人员花了很多时间于作用不大的训练上,实有歧视非该项专业人员的时间与精力,以及浪费学生的宝贵学习时间之嫌,所以每位一线老师及孩子的保育员皆需花最大的时间与心力进修物理治疗、语言治疗等的理论,清楚每个学生目前的问题与训练方案,才能于执行训练时用心思考,与治疗师作专业讨论,为学生创造最有利的新训练方案。

4. 以"优先领域为核心"的方式安排课表

保证每个学生的优先目标得到最多时间的训练:好的训练目标要有充分的练习,以脑瘫儿童的粗大动作训练为例,除了要有高能力的训练人手外,还要有高频率的训练时间,因此脑瘫孩子的个人功课表上需安排1:1动作训练时间、小组动作训练时间以及融入各科教学活动、日常活动的训练时间,其他非亟需领域目标的时间相对较少。

5. 团队成员共同设计每日、每周、每单元的各科教学活动

"以优先领域为核心的"教学模式包括下述几种(科目),一般由各相关专业人员与教师共同讨论(有些教师已兼负某专业人员职责),包括:晨间活动、暖身活动与今日计划,以优先领域为核心的活动、学科活动(语文、数学或认知)、艺术活动、个别训练、户外活动、日常活动、其他特别活动(如庆生会、表演会等)。

每学期开学之前先大体讨论各科教学活动要点与各生的个别要求,开学后,每换单元主题时又要共同讨论其大要与细节,例如脑瘫学生各科的具体目标、摆位要求、辅具运用等。

6. 团队成员共同进行教学、训练中的研讨及改进

由于专业人员较少有时间和各科老师协同教学(如果可以,当然更好),因此,物理治疗人员每个单元,(隔2~4周)进教室观察半天到一天,以确定讨论的事项是否正确执行,以及发现需现场调整的事项,每周三下午各班轮流召开教学研讨会(有教学实况录像),专业人员依学生需要参与讨论,以给出更好、更有效的建议。

7. 促使学生管理自己的学习,以收事半功倍之效

除了安排大量的时间与人力教育、训练学生的优先能力外,若能使学生明白学习的意义,能积极主动地参与学习活动,则更能达到预定的目标,也能保持学生对自己所学的兴趣与关注,终生受用。但要让学生自我管理远非易事,可采取如下策略:①尽可能让学生明白要做什么?为什么要做?做多少?②利用视觉提示及环境提示;③让学生自我记录,自我评估;④有效的回馈与强化系统,帮助学生明明白白地学习;⑤当学生需要别人协助做动作训练时,由其主动向别人说明要求,而非由别人要求他做训练。

8.有利学生自我学习的辅具、教具的研发设计与应用

为求节约人力及让学生自己完成活动,学生及专业人员要能设计出适合的辅、教具,例如各种尺寸的楔形垫、沟通板、职能活动作业等,主要教导学生自己使用以达练习的效果。

(二)教育康复整合教学实施流程

有了以上的策略与构想,教学流程共分五大阶段,每学期周而复始地运行,以期每个学生学会课程内容,达成课程目标。教康整合教学是教康整合课程的个别化评量,个别化教育计划之后的行动,与教康整合课程介绍有重叠、衔接之处。

教学流程的图示:

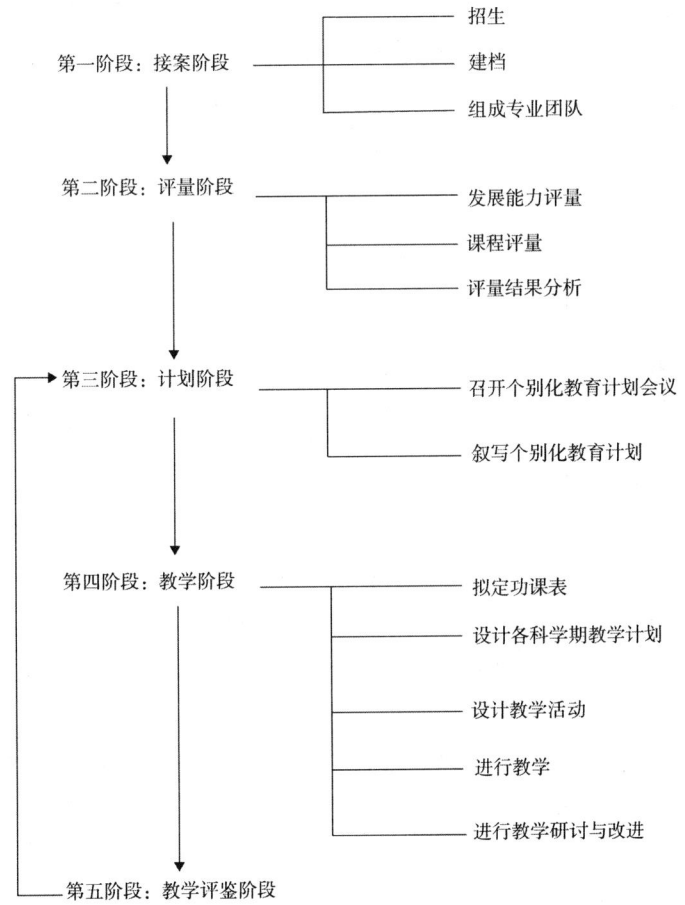

(三)教育康复整合实施案例

以重庆江津向阳儿童发展中心脑瘫儿童个案为例,通过江津向阳儿童发展中心脑瘫儿童个案教育为核心与康复与多学科整合的相关服务。

1. 个案概况

向阳中心二班的一个孩子,麟麟,十岁,五岁开始就读向阳中心,医院诊断为:脑瘫。是一个学习热情很高,凡事都很好奇的孩子,有很多自己的语言,但语音不清晰,主要是声音很小,气息不够。他记忆力好,模仿能力强。现阶段可以自己吃饭,可以在穿着矫正鞋的情况下走几步。

在麟麟刚进入中心(2006年2月)的时候,尝试了"戏剧融入教育"的教学模式。那这时候的麟麟要学些什么呢?班主任老师、协同教学的老师、家长以及教学主管共同讨论制订出了属于他的一份IEP。

2. 制订与个案目标相关的课表

时间	作息					
8:30～8:50	动作训练					
8:50～9:10	点名课					
9:10～10:20	主题活动(戏剧)					
10:20～11:00	W1	W2	W3	W4	W5 外出	
	语文	数学	语文	数学		
11:00～11:30	猜谜时间					
11:00～11:30	猜谜时间					
11:30～12:30	午餐、盥洗					
12:30～14:00	午休					
14:00～14:20	清醒活动					
14:20～15:00	美术	音乐	棋牌	阅读	戏剧表演	
15:00～17:30	放学活动、动作训练					

当时麟麟在每节课的参与情况从以下几点分析,如下所述。

动作训练:由妈妈做一些牵拉活动,然后做一些上肢放松的运动,麟麟比较配合,但主要都是在被动地练习。

点名课:麟麟熟悉整个流程,对于老师的提问都积极回答,但声音太小,鼓励其大声发音时,出现双上肢弯曲及非对称性颈部张力反射(AT-NR)。能够唱各种点名歌。

主题活动:爱表演,也记得住台词、道具,但很容易激动,本来是设计跪走的移动,一激动就走得东倒西歪的,上肢也弯曲。

语文、数学课:能回答老师提出的问句,也能认识所学的内容,只是在回答问题时张力很高。

猜谜时间:会进行简单的推理。

美术课:大多时候都是歪着头,手肘弯曲着在桌面进行绘画、涂鸦。

音乐课:特爱唱歌,也学了不少歌曲。也爱动,只是在唱歌时身体随着张力蜷缩起来。

棋牌活动:玩各种牌时都会因为手功能很差,拿的时候紧张,五根手指弯曲,虎口也不能打开。

期末评鉴:本期目标中完成得比较好的主要是认知方面的,只要和动作有关的目标都很难有突破,比如用说话的方式与人打招呼,因为说话时声音太小,气息不够,别人听不见他说话,所以又只能用手去抓别人,而气息不够与胸大肌的运动有关,刚好粗大动作又是这学期进步最小的,所以导致了很多目标都无法完成。并且发现完成的目标对动作也有很多副作用,如唱歌自娱,虽然可以完成,但在唱歌时双上肢弯曲,非对称性颈部张力反射(ATNR)出现,所以这又直接影响粗大动作的发展。

3. 专业团队合作进行教学

(1)整合班级共同目标,拟订功课表

根据各专业人员的整合讨论,麟麟本学期以加强动作训练为核心,在加强动作训练的同时让生活自理能力得到提高,多吸收知识增加说话内容,自如控制气息与音量。

各专业人员依照自己的专业评估认为可以开展哪些课?

物理治疗老师认为:因为每天需要牵拉外展肌,早上应当做一次牵拉和放松。为保证动作训练有效果,每天至少有2次完整训练时间。平时一定要注意到学生的摆位,以免做了训练,摆位姿势不正确又事倍功半了。

作业治疗老师认为:因为上肢张力很高,每天应该专门排上半小时训练上肢的个别课,以加强生活自理训练。

语言治疗老师认为:麟麟现阶段说话意愿非常强,且认知好,可以每天布置家庭作业自己做口腔操,每天可有一点时间在老师的指导下练习控制气息与音量。

班主任老师认为:因为麟麟认知好,又在学龄阶段,要加强其对拼音、文字、数学方面的学习,配合语言训练需要累积丰富的知识,所以每天要有学习语文、数学的时间或是要增加其阅读的时间。因为脑瘫学生的推理、想象力也很欠缺,所以也应该开设此类科目。

上学期相关科目老师认为:下午可以排一些手工课或音乐课,既可以加强学生的休闲娱乐,也可以在这堂课上加强手功能和语言。

(2)实施教学

将麟麟 IEP 目标融入教学活动与日常生活中。依照功课表安排教学活动如下:

动作训练一:由家长为麟麟做牵拉,主要是牵拉右腿外展肌。暖身活动:主要是放松活动和发音练习。以引导式教育的方式,自己学会控制身体,主要以上肢的伸直、举高,下肢的弯曲为主。发音练习在仰躺在三角垫最放松的时候发非常容易发的几个音,帮助其控制气息及音量。

主题活动:以动作为核心,在音乐的带动下完成物理训练老师制订的最需要加强的四个动作计划:

①反坐三角垫仰卧起坐练习髂腰肌(10 分钟 160 个)。

②左半跪姿推拉梯臂架(10 分钟 120 个)。

③左脚半跪姿的跪坐跪起训练左腿弯曲伸直控制(10 分钟 200 个)。

④左脚绑三斤沙包单手扶物交替半跪(10 分钟 150 个)。

个别课:每隔一天一节作业训练课,主要以加强双上肢伸直力量和双手合作为主。活动为投掷、拉简易阔胸器、串大串珠、高跪姿势伸直双上肢完成粘贴画等。

没上个别课时由家长继续加强动作训练。

语数课:按小学一年级课本进行学习,在回答问题时使用麦克风控制音量,要求一口气并且用完整句表达。指认黑板上的内容时,用双手握住圆形(帮助虎口的打开)木棍进行指认。

午餐:右手抓住条形桌,左手用汤匙吃饭,用汤匙舀饭时由老师帮助固定住头部(因为有非对称性颈部张力反射)。

盥洗:老师协助拧好毛巾,麟麟以右手抓住条形桌,左手拿毛巾上下洗六下,老师帮忙固定头部,刷牙时双手拿住牙刷接住老师挤的牙膏,以右手抓住条形桌,左手拿牙刷左右刷牙,老师帮助固定头部,其余程序也由老师代劳,以免出现异常张力。

午休:坐侧睡,纠正其长短腿。

清醒活动:和同学玩跪走运物的游戏。

美术课:主要设计以高跪姿势为主的,双上肢需要伸直操作完成的作品。例:用手粘上颜料伸直在画架上作画,粘贴画还有固定双手用嘴巴吹画。

音乐课:在垫子上左侧坐,声势节奏以拍手为主,手势以双上肢伸直举高为主,乐器使用沙锤,双手握在中线上下运动。

阅读课:在垫子上左侧坐,大量吸收丰富的知识,回答逻辑推理的一些问题,复述简单的内容。

戏剧课:主要促进逻辑推理能力,解决问题、想办法的能力。表演时需要移动用跪走的方式。

以上内容会因为再次评估后随时进行调整,但依然需要所有专业人员参与。

(3)成果

此种以专业整合的形式讨论而拟订的IEP、功课表、教学活动设计,我们也通过专业评估表、学习记录表、家长问卷等形式了解学生的学习进展情形。期末时会评鉴整个IEP执行的情况。

①物理治疗评估记录表

从物理治疗评估表可以看出:一是主要问题的骨盆倾斜问题已经得以解决,现在左右腿一样长;二是左膝反张也已经消失;三是整套计划的动作难度增加了;四是在单位时间里相同动作的个数增加了。

②学习记录表(摘取)

由学习记录表得知:学生的进步还是比较明显的。

③IEP达成目标及分析

从IEP达成的目标来看:本学期共有目标18个,比上学期的目标少了一些,但能够自己独立完成的目标有16个,占总目标的89%。比上学期通过的百分比明显高。这些目标在动作、生活自理一直很难突破的目标上有明显的改善。虽然增加了动作训练时间，减少了上文化课、认知课的时间，但麟麟的学习目标依然可以完成得比较好。只是在精细动作领域有些需要协助，主要是因为麟麟是一个徐动型的个案，远端的张力相当高，所以稳定度不够也影响其操作。

以"围绕学生主要问题"及在专业团队合作的情况下讨论制订出来的IEP以及教学设计对学生来说现阶段是可以看出明显进步的，但这样一种模式是否能够一直走下去呢？老师还需要哪些专业呢？是否还有另外的一种模式让学生能够更快更好地前进呢？我们一起思考，一起期待吧。

参考文献

[1]靳敬坤.特殊教育班级教学与管理研究[M].延吉：延边大学出版社,2023.

[2]昝飞,颜廷睿,邓猛.特殊教育专业应用型系列教材融合教育班级管理[M].北京：北京师范大学出版社,2023.

[3]马善波.特殊学校班级管理给班主任的37封信[M].世界图书出版广东有限公司,2019.

[4]王培峰.特殊教育哲学[M].南京：南京大学出版社,2020.

[5]]陈海苑.基于新课标理念的特殊教育课堂教学案例评析[M].广州：广州暨南大学出版社,2020.

[6]赵相奇.特殊教育学校班级管理的几点思考[J].休闲,2020(25)：181.

[7]胡建郭,王磊,唐方萍.怎样上好一堂课——特殊教育课堂观察与评研实践的研究Ⅱ[M].长沙：湖南大学出版社,2021.

[8]张联弛.特殊教育校本教材生活适应第3册[M].上海：华东师范大学出版社,2020.

[9]王雁,朱楠.特殊教育研究[J].教育学报,2022(3)：F0003.

[10]黄伟.讲好中国特殊教育故事 提供中国特殊教育方案[J].中小学校长,2023(8)：5－9,70.

[11]马金晶,杨屿航.特殊教育研究应用于特殊教育政策的基本模式[J].绥化学院学报,2023(1)：123－126.

[12]盛永进.神经科学的特殊教育回应[J].现代特殊教育,2022(11)：21－26.

[13]张斌.关于特殊教育体系发展的思考[J].新教育时代电子杂志(教师版),2023(16)：190－192.

[14]俞平.有效融合,全面提升特殊教育质量[J].小学教学研究,2023(14)：90－91,94.

[15]钟洁舲.特殊教育学校的课堂教学策略[J].江西教育,2023(11):26—27.

[16]盛永进.略论特殊教育文化意识的转向[J].现代特殊教育,2023(9):11—13.

[17]周沛.特殊教育教师软技能的认知与需求[J].绥化学院学报,2023(7):116—119.

[18]张倩倩.小学特殊教育优化建议[J].清风,2021(12):10,48.

[19]盛永进,徐敏.基于标准的美国特殊教育改革[J].现代特殊教育,2023(5):14—19.

[20]丁丽辉.特殊教育学校实施精准教研的思考[J].现代特殊教育,2023(5):67—68.

[21]郭卫东.论中国特殊教育的历史转型[J].社会科学研究,2023(1):1—10.

[22]朱永新.加快制定出台特殊教育促进法[J].在线学习,2023(4):82.

[23]袁永红.特殊教育学校的人文关怀[J].新课程,2021(10):231.

[24]史万兵.特殊教育需要特殊的爱[J].小学教学研究,2021(8):1.

[25]廖春婷.特殊教育学校盲人体育教学分析[J].体育风尚,2023(3):47—49.

[26]林月月.特殊教育美术欣赏教学探究[J].基础教育论坛,2023(2):45—46.

[27]胡雪艳.特殊教育学校礼仪教育课程探讨[J].智库时代,2023(2):170—173.

[28]李蔚.特殊的"惩罚"——学前教育专业班级管理教育案例分析[J].长江丛刊,2021(7):59—60.

[29]周翠娟,曾婉怡.特殊教育在班级管理教育中的行动研究——一个特殊教育成功案例思考[J].今天,2021(3):291.

[30]柳国燕,储汇.普通学校特殊教育需要学生班级管理策略探索[J].现代特殊教育,2022(11):62—64.

[31]陈玺.中职特殊班级创新管理教育浅议[J].现代职业教育,2020(8):168—169.

[32]郑男男.浅议特殊教育班级管理的有效开展[J].传奇故事(百家讲堂),2021(4):322.